改訂版

特別支援教育に生きる

心理アセスメントの基礎知識

滝吉美知香 鈴木恵太 名古屋恒彦 編著

東洋館出版社

ま え が き

　本書は，特別支援教育にかかわる現場で用いられることの多い心理アセスメントツールについて，その概要を解説することを目的としています。

　アセスメントツールは，実施機関や目的によって異なる種類が用いられたり，必要に応じて改訂が行われたりすることもあり，すべてに精通することは困難です。実施や解釈のためには高度な専門性を必要としたり，結果がわかりにくい専門用語で書かれていたりすることもあります。そのため，せっかく子どもたちが一生懸命長い時間かけて取り組んだり，養育者の方の協力を得たりして実施したアセスメントの結果が，教育や支援の現場に十分に伝わりきっておらず，対象児・者の日常に反映されていない状況に，しばしば遭遇することがあります。また，教員や養育者にとって，専門用語や結果がわかりにくいことは，アセスメントツールに対する拒否意識や無理解につながってしまうことにもなりかねません。

　各アセスメントツールは，ツールとして成立するまでに厳密な調査や分析を経て検討されているものであり，正しい理解と解釈があれば，対象児・者に対する有効な教育や支援の手立てを考えるための，非常にいい材料となります。教員や養育者が，各種アセスメントの専門家と同等なほどに知識をもつ必要は，まったくありません。ただ，ご自身が普段かかわっていらっしゃるお子さんが受けたアセスメントツールがいったいどのようなものなのかや，どのようなアセスメントを受けたとしたら，お子さんに必要な発達や能力の側面を適切に評価できるのかなど，各種ツールの要点や概要を簡単に押さえておくだけでも，その子に対する理解はぐっと深まります。

　そこで，本書では，特別支援教育にかかわる現場で用いられることの多いアセスメントツール，もしくは今後活用されるであろうことが期待されるアセスメントツールを，計34点取り上げました。それぞれが，何を目的として，どのように実施され，結果をどのように解釈して，今後の教育や生活につなげていったらよいのか，ポイントをわかりやすく解説します。

　本書改訂前は27点の掲載であったことに比べると，大幅な増加となっています。近年の国際的な動向として，発達や障害に関する概念が変容し，それに伴うアセスメントツールの開発も多数行われるようになっています。日本においても，特別支援教育の対象となる児童生徒数の増加や，その状態像の多様性が広く認識されるようになってきました。そのような背景をふまえ，取り上げるツールの選定や追加を行いました。

　本書は，理論編と解説編から成ります。

　Ⅰ章の理論編では，そもそも心理アセスメントとは何かということや，実施や結果解釈にかかわる心構えなど，心理アセスメントに関する理論的な側面について解説します。また，発達障害に関する概念や発症率，症状などの基礎的な理解についても解説します。さらに，学校教育の現場で心理アセスメントがどのように解釈されたり活用されたりしているのか，その現状について

も述べたいと思います。

　Ⅱ章である解説編では，各アセスメントツールについて，その特徴や実施方法，現場での活用の仕方などの簡単な解説を行います。この本は，特定のアセスメントツールの有効性を強調するものではありません。そのため，Ⅱ章における各アセスメントツールについては，特定の検査方法や質問項目そのものに精通した専門家というよりも，心理・教育・医療各領域において，実際に特別支援教育や就学相談に携わる中で，各アセスメントツールを使用されていらっしゃる先生方に執筆を依頼し，現場目線での活用を意識した解説をいただくようにしました。なお，本書では，概容的な理解のしやすさを重視し，たとえば「親」「保護者」などは「養育者」，「教師」「保育士」などは「教員」のように，可能な限り表記を統一しています。そのため，各ツール内で実際に用いられている表現とは異なる場合があることをご了承ください。

　本書が，特別支援教育にかかわる教員や支援者のみなさま方にとって，心理アセスメントの概要をつかむための一助となれば幸いです。そして，そのようなみなさまが，普段かかわっていらっしゃる子どもたちに対して，さらなる理解を深め，かかわりの小さなヒントをつかむことができたとしたら，心からうれしく思います。

編著者　滝吉美知香

CHAPTER

I

特別支援教育と心理アセスメント

① 心理アセスメントとは

1. 心理アセスメントとそのツール

心理アセスメントとは，対象児・者の発達の状態や，学習・認知能力の状態，行動の特徴などについて，様々な情報を収集して整理・統合し，心理的な評価，判定，提案を行うことをいいます。そうすることによって，対象児・者の状態像の背景を理解したり，問題行動がある場合にはその要因を推測したりし，そこから対象児・者にとって有効な支援方法や，周囲の環境調整などを考えることができるようになります。「心理」，つまり人の心の状態は，目に見えるものではなく，直接測定することができません。そのため，さまざまな情報をもとにしながら，目に見える反応や行動を手掛かりに，相手の考え方や特性など，心の状態を推測・理解していくのです。

特別支援教育に関連する心理アセスメントは，主に，生活や教育の難しさについての相談場面や，障害の診断過程などにおいて，行われることになるでしょう。目的に応じた視点から，対象児・者の行動観察をしたり，養育者から生育歴や現況について等の聴き取りを行ったり，検査や質問を通してパフォーマンスや回答を得たりする等，多様な方法によって行われます。

その包括的な心理アセスメントの一環として，特に客観的な指標に照らし合わせて対象児・者の発達や能力の様子をとらえる必要がある場合には，アセスメントツールを用いることが効果的です。なぜなら，アセスメントツールは，ツールとして成立するまでの過程において，たくさんの子どもや大人からデータを収集し，その集計と分析を経て，検査や質問項目などの標準化が行われているからです。各年齢段階における得点の傾向や，ある共通した障害のある人たちの得点の傾向などが算出されているため，その得点と比較して，対象児・者がどのあたりに位置するのかを知ることができるのです。

アセスメントツールにはさまざまな種類や組み合わせがあり，どのような種類のものをどのような組み合わせで用いるかは，対象児・者のどのような側面を把握する必要があるのかによって異なります。たとえば，養育者の主訴に応じた相談を進めていくために子どもの発達の状態をとらえる必要があるということになれば，発達をアセスメントするツールを選択しますし，対象児童生徒にとって効果的な学習方法を考えるためには，認知能力や読み書きにかかわる特性をアセスメントするツールを選択します。ツールはあくまでも，対象児・者を理解する目的で行うアセスメントの方法の一部であり，ツールを用いること自体が目的ではありません。

2. アセスメントツールの種類

本書では，特別支援教育にかかわる現場で用いられたり耳にしたりすることが多いと考えられるアセスメントツールについて，主に以下のようなものを取り上げます。

ⅰ．知能・認知に関するアセスメント

　対象児・者の知的学習能力や認知能力について明らかにしようとする知能検査，認知検査です。知的障害の有無や，対象児・者の知的能力・認知能力に合わせた学習支援方法を検討する際に，これらの検査結果が参照されます。そのため，すでに特別支援教育を受けている多くの対象児・者は，これらの検査を受けた経験があるかもしれません。ここでは，知的指数（Intelligence Quotient; IQ）を算出することが可能な**田中ビネー知能検査Ⅴ**，**ウェクスラー式知能検査**（WPPSI-Ⅲ，WISC-Ⅴ，WAIS-Ⅳ）のほか，認知処理過程や習熟度を評価する**KABC-Ⅱ**や，認知処理機能を総合的に測定する**DN-CAS認知評価システム**について取り上げます。

ⅱ．発達に関するアセスメント

　子どもの発達，つまり育ちや成長の状態についてとらえるためのものです。検査，観察，養育者への聴き取りなどによって，子どもの状態を総合的に把握し評価します。本書では，検査や観察によって幅広い年齢層の発達をとらえる**新版K式発達検査2020**のほか，乳幼児を対象とした観察や検査と，その養育者を対象とした聴き取りを併せて行う**遠城寺式発達検査**，主に乳幼児の養育者による記入式の**J-ASQ-3**などを紹介します。また，もともとは自閉症の治療教育を通して開発された**太田ステージ評価**についても，シンボル表象機能の発達段階をとらえるという点から，ここで紹介したいと思います。

ⅲ．生活能力・適応行動に関するアセスメント

　対象児・者が，日常の社会生活の中で，どの程度自立・適応した生活を送ることができているのかをとらえるためのものです。生活能力については，たとえば，衣服の着脱や食事などの身辺自立，交通機関の利用による移動の可否など，適応行動については，たとえば，不安や抑うつなどの情緒的反応の程度や，他者への攻撃的行動や規律違反などの反社会的な行動の有無などにより示されます。対象児・者の年齢や状態に応じて，日常生活をよく知る者として養育者や教職員等が回答や評価を行う場合や，本人が回答や評価を行う場合があります。その結果は，日常的な支援や社会的サービスがどの程度必要なのかを判断する際に参考とされます。ここでは，幅広い年齢層の対象児・者を対象に，家族等に対する半構造化面接で聴き取りを実施する**Vineland-Ⅱ適応行動尺度**，主に幼児から児童を対象にその養育者が評価を記入する**S-M社会生活能力検査第3版**，主に学齢期を対象に，本人，養育者，教員による各評価が短時間で可能な**SDQ**，幼児から成人までの各対象年齢段階および複数の回答者によって異なる調査票を用いる一連の評価システムである**ASEBA**などを紹介します。

ⅳ．ことばに関するアセスメント

　ことばを理解したり使用したりする力をとらえるためのものです。対象児・者に一対一で検査を実施するツールとして，幼児及び学齢期の子どもの語彙理解力を測定する**PVT-R**，乳幼児の総合的なことばの発達をとらえる**LCスケール**，小学1〜4年生を対象に言語スキルを包括的にとらえる**LCSA**などを取り上げます。また，子どもの日常的な語用能力を主に養育者が記入し評価する**CCC-2**についても紹介します。

ⅴ．読み書き・視知覚に関するアセスメント

　目で形や空間をとらえる力や，視覚でとら

えた情報と手の運動や発声を協応させる力について測定・評価するものです。図形や空間に対する視知覚能力の発達をとらえるための検査であるフロスティッグ視知覚発達検査，眼球運動を含めた視覚に関連する基礎スキルの検査とトレーニングがセットになったWAVES，速読課題や音読課題においてひらがな・カタカナ・漢字の表記について比較が可能なSTRAW-Rなどを紹介します。このような視知覚に基づく読みや書きは，学習の基本となることから，限局性学習症（Specific Learning Disorder; SLD）のある子どもが示しやすい学習行動上の特徴をとらえる調査票としてのLDI-Rも，ここで紹介します。

vi. 社会的コミュニケーション・対人的相互反応に関するアセスメント

主に自閉スペクトラム症（Autism Spectrum Disorder; ASD）に関連する症状をとらえるためのものです。対象児・者に対して検査を実施するADOS-2と，養育者へのインタビューにより対象児・者の生育歴や現在の状態像を聴取するADI-Rは，包括的な評価を行うために併せて用いられる場合もあります。他にも，養育者からの聴き取りと対象児・者の行動観察とを併せて実施するCARS2，養育者からの聴き取りにより評定を行うPARS-TRなどを紹介します。さらに，養育者や教員が直接評価を記入するSRS-2，成人用の場合は対象者本人，児童用の場合にはその養育者が直接評価を記入するAQについても取り上げます。これらの結果はそのまま診断となるわけではなく，診断のプロセスにおける重要な参照となります。また，把握した症状の程度を，具体的な理解や支援につなげる目的で使用されます。

vii. 注意・集中に関するアセスメント

注意欠如多動症（Attention Deficit/ Hyperactivity Disorder; ADHD）に関連する症状をとらえるためのものです。本人や養育者，教員などによる自己記入式の評定として，6歳から18歳の子どもを対象としたConners3と，18歳以上を対象としたCAARSがあります。また，教員や養育者による自己記入式で項目数が比較的少なく実施が容易なADHD-RSも紹介します。

viii. 感覚・運動に関するアセスメント

2013年に改訂されたDSM-5（APA, 2013）では，ASDの診断基準として，感覚刺激に対する敏感さや鈍感さの観点が追加されました。また，神経発達症群には，発達性協調運動症（Developmental Coordination Disorder; DCD）も含まれます。このような動向をふまえ，対象児・者の感覚や運動の特徴をとらえるためのアセスメントツールを取り上げます。感覚プロファイルは，対象児・者の感覚の処理や感覚への反応を，閾値の高・低と反応の受動・能動という4象限からとらえます。JSIは，幼児の感覚機能の偏りを行動特徴から評価するツールです。DCDCは，小学校場面で示されやすい児童の運動面での不器用さを評価します。いずれのツールも，主に養育者や教員が，対象児・者の感覚や運動の状態について客観的に評価します。かかわり手が対象児・者の感覚や運動の特異性を理解することによって，対象児・者の心理的負担や不快感を軽減し，より過ごしやすい環境調整が可能となるでしょう。

本誌で取り上げるアセスメントツールの一覧を表1に示します。

表1　本書で取り上げるアセスメントツール一覧

	項目	発刊年	実施方法	主な対象・回答者			対象年齢
知能・認知	田中ビネー知能検査V	2003	検査			本人	2歳～成人
	WPPSI-Ⅲ	2017	検査			本人	2歳6か月～7歳3か月
	WISC-V	2021	検査			本人	5歳～16歳11か月
	WAIS-Ⅳ	2018	検査			本人	16歳～90歳11か月
	KABC-Ⅱ	2013	検査			本人	2歳6か月～18歳11か月
	DN-CAS認知評価システム	2007	検査			本人	5歳～17歳
発達	新版K式発達検査2020	2021	検査			本人	0歳～成人
	遠城寺式発達検査	2009	検査			本人	0歳～4歳7か月
			質問評定		養育者		
	J-ASQ-3	2021	自己記入	養育者等			5か月～5歳6か月
	太田ステージ評価	2015	検査			本人	精神年齢10歳くらいまで
生活能力・適応行動	Vineland-Ⅱ適応行動尺度	2014	質問評定	養育者等			0歳～92歳11か月
	S-M社会生活能力検査 第3版	2016	自己記入	養育者等			1歳～13歳
	SDQ	2019	自己記入	教員	養育者		2歳～17歳
						本人	11歳以上
	ASEBA	原版は2001	自己記入	養育者等			1歳6か月～60歳以上
						本人	11歳～60歳以上
ことば	PVT-R	2008	検査			本人	3歳～12歳3か月
	LCスケール	2013	検査			本人	1か月～6歳11か月
	LCSA	2012	検査			本人	小1～小4
	CCC-2	2016	自己記入	養育者等			3歳～15歳
読み書き・視知覚	フロスティッグ視知覚発達検査	1979	検査			本人	4歳～7歳11か月
	WAVES	2014	検査			本人	小1～小6
	STRAW-R	2017	検査			本人	小1～高3
	LDI-R	2008	自己記入	教員			小1～中3
社会的コミュニケーション・対人的相互反応	ADOS-2	2015	検査・観察評定			本人	1歳～成人
	ADI-R	2013	質問評定		養育者		2歳～成人
	CARS2	2020	観察評定			本人	2歳以上
			質問評定		養育者		
			自己記入		養育者		
	PARS-TR	2018	質問評定		養育者		3歳以上
	SRS-2	2017	自己記入	教員	養育者		2歳半～18歳
	AQ	2016	自己記入		養育者		6歳～15歳
						本人	16歳以上
注意・集中	Conners3	2017	自己記入			本人	8歳～18歳
				教員	養育者		6歳～18歳
	CAARS	2012	自己記入	養育者等		本人	18歳以上
	ADHD-RS	2008	自己記入	教員	養育者		5歳～18歳
感覚・運動	感覚プロファイル	2015	自己記入	養育者等			3歳～82歳（主に5歳～10歳）
	JSI	2005	自己記入		養育者		4歳～10歳
	DCDC	2020	自己記入	教員	養育者		小1～小6

※各ツールのマニュアル等における「親」や「保護者」等の表記はすべて「養育者」に統一した。
※養育者「等」は，養育者をはじめ対象児・者のことをよく知る者が幅広く含まれる場合を意味する（例えば教員，職員，友人，家族など，各ツールによって異なる）。
※「自己記入」：対象・回答者が自分で記入する。「質問評定」：検査者や専門家が対象・回答者に質問を行い評定する。「観察評定」：観察者や専門家が対象者を観察し評定する。

3. 個別施行と集団施行

特別支援教育や就学相談などに関連する場面では，個別に実施されるアセスメントツールが多く用いられます。検査や質問内容によっては，集団での実施が一般的であったり，一度に複数の対象児・者に対して実施できたりするようなタイプのものもあります。しかし，特別支援教育を必要とする子どもは，一人ひとりの特性や状態などが実にさまざまで個別性が高く，検査や質問にかかわる指示の理解度や，答えるための表現の手段なども，多様です。そのため，対象児・者とアセスメント実施者が，一対一でじっくりと向き合いながら，十分な時間をかけて，ラポール（信頼関係）を形成した上で，検査や質問を実施し，パフォーマンスを引き出していく必要があるといえるでしょう。本書で紹介するアセスメントツールは，スクリーニング目的等で一部のツールには集団施行が可能なものも含まれますが，基本的には個別施行のものを取り上げています。

4. アセスメントツールを用いる理由

前述したように，アセスメントツールは，特に，客観的な指標に照らし合わせて対象児・者の発達や能力の様子をとらえる場合に効果的です。では，なぜ，そのような相対的な視点から，対象児・者の状態をとらえる必要があるのでしょうか。

その大きな目的の一つは，障害を社会に提示し，社会が障害のある人々を援助するための合意形成を図っていくことにあると思います。検査や質問の結果として示された数値によって，社会的なサービスや処遇を決めたり，

変化させたりすることもあります。障害のある子どもや大人の一人ひとりに適合した支援の内容や程度を検討していく場合に，ある側面を定点からとらえた客観的な数値が，重要な参照ポイントになるのです。

その一方で，検査や質問の結果として示された数値が，対象児・者の状態すべてを表しているわけでは決してない，ということにも，私たちは十分に留意しなくてはなりません。対象児・者と個別のかかわりが深ければ深いほど，検査結果としての数値が，対象児・者のある側面のみを定量的に示したものにすぎない，という感覚を，実感を伴って抱くことになるのではないでしょうか。たとえば，ある対象児が受けた検査の結果について，日常的にその子とかかわりのある人は，「この子はこのような内容を記憶するのは苦手だから得点が低く出たけれど，この子が好きなアニメのキャラクターだったら，たくさん記憶することが得意なのにな」と思うかもしれません。または，「こういう質問の仕方ではこの子にわかってもらえないけれど，もっとこういうヒントを与えれば，課題を達成できたのではないだろうか」「道具や刺激図をこのように工夫すれば，もっとこの子のパフォーマンスを引き出すことができるのでは」など感じるかもしれません。そのように考えることこそ，アセスメントツールを用いることで得られる大きなメリットです。

アセスメントツールは，マニュアル化された手順に従い，決められた道具や質問によって構成されています。だからこそ，他者との得点比較が可能になります。また，だからこそ，そのマニュアル化された手順や道具等では能力を発揮することのできない，ある種の困難さを示す人たちの存在を浮き彫りにしま

す。その標準的な実施の仕方を基準にした結果をふまえて，そこからさらにどんな工夫があれば，そのような困難さのある人たちがより能力を発揮できるのかを考えることができます。そのように考えることこそが，アセスメントを実施する者や，結果を解釈する者に求められることです。

　ですから，アセスメントツールを用いた結果として算出された得点そのものがもつ意味を理解することと同時に，その得点が算出されるまでのプロセスに注目することが非常に大切です。対象児・者がどのような様子で課題に取り組んだのか，課題を達成するまで，あるいは失敗するまでに，どのような言動を示したのか。また，聴き取りの対象である養育者がどのような文脈でエピソードを語るのか。アセスメントを実施する側は，そのような視点をふまえて，得られた情報を整理し解釈を行い，知見を作成する必要があります。また，そのアセスメント結果を受け取る側は，そのような視点から知見を理解し，知見を日常の教育や生活の中でのかかわりに取り入れていくことが求められます。

5. 実施・解釈の留意点

　心理アセスメントは，原則として，実施する側に十分な知識と経験があること，および，実施される側の心理的・身体的なコンディションが良好であるという大前提のもとに，成り立つものです。また，実施する側とされる側の間には，ある程度のラポールが成立していることが求められます。

　しかし，特に，特別支援のニーズがある子どもや大人がアセスメントを受ける場合，日常場面と非日常場面の違いに対して極度に緊張や不安や興奮などを示し，本来の力を発揮することができなかったり，対人相互的なやりとりの苦手さが原因で，実施者と関係性を築くまでに長い時間を要したりなどすることも，珍しくありません。そのようなこともふまえた上で，もし得られた結果が，期待または予想されるレベルから大きくかけ離れていた場合，それをすぐに障害に関連する困難さとして解釈するのではなく，さまざまな要因を総合的に考えてみることが重要です。

　特に，検査の結果については，「誤差を含んだ事実」(上野他, 2005) であるといわれます。検査を実施する側，実施される側のさまざまな要因が，誤差の幅に含まれます。ゆえに，結果は一つの事実であることを認めつつも，その結果を絶対的なものとして強調しすぎることのないように留意しましょう。数値の僅差やちょっとした変動に対して，必要以上に意味づけしたり，一喜一憂したりする必要はありません。

　また，アセスメントを実施する際に必要とされるラポールは，実施する側とされる側の間に必要とされるだけではありません。対象児・者の養育者，園や学校の教員，施設や機関の支援者，就労先の関係者なども含めて，ラポール形成の意味を広げて解釈することができると思います。アセスメント実施者，養育者，教員など関係者の間で，アセスメントの結果を対象児・者のよりよい生活につなげようとする目的意識を共有していることが重要です。そうでなければ，アセスメントの結果が，単なる障害のラベリングや，対象児・者を特定の集団から排除しようとすることなどにつながってしまう危険性があります。アセスメントを行う前段階として，対象児・者との間だけではなく，対象児・者にかかわる

人たちの間で，ラポールが築けているか否かについて，考えましょう。

6. アセスメントツールを媒体とした連携

アセスメントの実施や解釈をめぐって，対象児・者にかかわる人たちの間での目的意識が共有されていないケースに出会うことも稀ではありません。たとえば，教員側はアセスメントツールを使用して児童生徒の状態を把握したいけれども養育者側の同意が得られないケース，児童生徒が外部機関で受けたアセスメントの結果や解釈を養育者側が教員側に伝えても十分に活用されなかったりするケースなどがあるかもしれません。対象児・者が時間と労力をかけて取り組んだ内容が，本人の日常に反映されきらないのは，とても悲しくもったいないことであると思います。

特別支援教育の対象となりうる幼児期から青年期前期にかけての対象児・者については，そのアセスメント結果を本人の日常に最も活用できる存在が，教員であり，養育者であると考えます。アセスメントを実施する者は，その専門知識をもって施行，解釈，提案を行いますが，それらはあくまでも限定的な時間や空間での一時的なかかわりによって行われることがほとんどです。だからこそとらえられる子どもの側面がある一方で，より長い時間，多くの場所で対象児・者とかかわるからこそとらえられる側面もあります。アセスメントを実施した側からの結果や解釈の提供を受け，日々かかわる側が，より対象児・者の日常に即した視点で具体的な方法を考案することができれば，対象児・者の過ごしやすさ，生きやすさにつなげることが可能となるでしょう。

ぜひ，アセスメントツールを一つの媒体に，対象児・者にかかわる人たち同士がコミュニケーションを図っていただきたいと思います。この点数の高さ／低さは，子どものこのような日常の様子とつながる／つながらないのではないか，所見に書かれた子どもの様子や解釈のこの点について合点がいく／いかないが，どう思うか，など，それぞれの実感をシェアし合うことを目的に，話し合いの場を設けることができたらいいのではないかと思います。絶対的な正解があるわけではありません。各種ツールの視点から，それぞれの対象児・者理解を共有し，それぞれの立場でのかかわりを考案したり，役割分担を図ったりすることに，意義があるといえます。所見の理解が難しい，もう少しくわしく知りたい，という場合は，ぜひアセスメントを実施した専門家と直接話す機会を設けていただきたいと思います。アセスメントツールを通して見られる対象児・者の姿と，日常的な対象児・者の姿をつなぐことは，関係者にとっても新たな気づきを生み出し，何より対象児・者にとって有益となるでしょう。

〈滝吉美知香〉

〔引用文献〕
・American Psychiatric Association 2013 *Diagnostic and Statistical manual of mental disorders: DSM-5.* Washington D. C.
・上野一彦，海津亜希子，服部美佳子編著（2005）『軽度発達障害の心理アセスメント―WISC・Ⅲの上手な利用と事例―』日本文化科学社

② 発達障害の基礎的な理解

1. はじめに

　特別な支援を必要とする子どもたちは学習面や生活面でさまざまな困難さを示します。それらの困難さに早期に気づき，効果的な指導や支援を実践することには大きな意義があります。個人の示す困難さの低減や解消といった直接的な効果はもちろん，それに伴う自己肯定感や学習意欲の高まりなど間接的な効果も期待されるからです。Clarke, Baker, Smolkowski & Chard（2008）は，早期支援に重要なポイントとして，第一に効果的なスクリーニングを行うこと，第二に児童生徒のニーズによって多様な指導や支援を行うこと，第三に指導や支援の効果について継続的に評価すること，を指摘しています。これらは，適切に実態把握し，それに基づいた指導や支援を行い，必要に応じてそれを調整・改善するという，教育活動におけるPDCAサイクルの確立を指しているともいえます。この際に重要となるのは，個人の状態や特性を理解する実態把握（アセスメント）ですが，その前提として，子どもたちの示す発達や障害の特性について基礎的な理解をもっておくことも重要です。

　近年は，発達障害のある子どもたちの増加や通常の学級における特別支援教育の推進などに大きな関心が集まっています。そこで，本節では，発達障害に焦点を当て，それぞれの基礎的な特性について概説してみたいと思います。

2. 発達障害とは

　平成17（2005）年発効の発達障害者支援法によれば，発達障害の定義について「自閉症，アスペルガー症候群その他の広汎性発達障害，学習障害，注意欠陥多動性障害その他これに類する脳機能の障害であってその症状が通常低年齢において発現するものとして政令で定める」とされ，平成28（2016）年改正では新たに「発達障害がある者であって発達障害及び社会的障壁により日常生活又は社会生活に制限を受けるもの」が追加されました。脳の機能的障害で，症状が成長の早い段階で現れるという内容からは，発達障害が，実はとても広い概念であることがわかります。そして，その代表的なものとして，自閉症，アスペルガー症候群その他の広汎性発達障害，学習障害，注意欠陥多動性障害があげられることになります。また改正では「社会的障壁による日常／社会生活に制限を受ける」ことが追加されましたが，社会的障壁とは「障壁となるような社会における事物，制度，慣行，観念，その他一切のもの」であり生活を困難にする社会的要因を指します。つまり，発達障害そのものだけでなく生活を支える要因を重視していることがわかります。特に学校現場では，学習面や生活面など本人の直面する困難さの低減・解消について一緒に考え，解決に向けて取り組んでいくことが重要です。

　さて，発達障害は，DSM-5においては「神経発達症」としてまとめられ，自閉症，

アスペルガー症候群その他の広汎性発達障害は「自閉スペクトラム症 Autism Spectrum Disorder（ASD）」として，注意欠陥多動性障害は「注意欠如多動症 Attention Deficit/Hyperactivity Disorder（ADHD）」として，学習障害は「限局性学習症 Specific Learning Disorder（SLD）」としてまとめられています。次項からは，基本的には DSM-5 に依拠する形で三つの障害特性や指導・支援を考える上で鍵になると思われる特性について見ていきます。

ⅰ．自閉スペクトラム症（ASD）の理解

ASD は「社会的コミュニケーションおよび対人的相互反応の障害」と「常同行動やこだわり，感覚の過敏さまたは鈍感さ」を主な症状とします。前者は，会話を開始し継続するといった言語的コミュニケーションの弱さや，身振りや表情の理解など非言語的コミュニケーションの弱さ，感情を共有することの難しさ，人間関係を発展・維持する力の弱さ，集団参加の弱さが含まれます。後者は，常同的で反復的な身体運動（たとえば，目の前で手をひらひらする，特定の場所を行ったり来たりする）や，同一性の保持（たとえば，少しの変化にも対応することができない，柔軟性に欠ける思考様式）などが含まれます。DSM-5 によれば，有病率は 1％ で子どもと成人でも同様の値となっています。

ASD は発達の諸側面に広汎にわたって影響があることから一人ひとりが示す状態像は多様ですが，特徴的な認知特性の一つに「中枢性統合の弱さ（Weak Central Coherence; WCC）」があります。中枢性統合とは，入力される情報を文脈の中で処理したり，全体をまとめて理解したりする力のことです。ASD ではこの情報処理に弱さを示す傾向が

ある一方で，部分的な情報に注意を向け記憶したり作業したりすることには強さを示す傾向にあります。つまり，複数の情報を同時に把握し，それらを関係づけながら理解することに苦手さがある一方，一つずつ丁寧に理解したり，一つひとつに集中して作業したりすることには得意さを示すことがあるのです。WCC は ASD の認知的特性についての短所と長所を表現していると考えられ，したがって，効果的な支援としては，活動の全体像や情報間の関係性が明確になるよう「見通し」を提示することや，一つずつ順序よく集中して取り組めるよう「活動を焦点化」することなどがあげられます。

また，社会コミュニケーションの弱さから，ペアやグループなど協働学習場面で弱さを示すことも多く見られますが，この場合には，「自分の考えをまとめる（個人作業）」→「他者に向けて発表し相手の話を聞く（協働作業）」といった「活動の順番への配慮」や，発表するための「フォーマット（たとえば，『私は○○だと思います。理由は○○だからです』といった定型文）」を用いることで見通しをもって取り組む工夫などが考えられます。

ⅱ．注意欠如多動症（ADHD）の理解

ADHD は「不注意性」と「多動 - 衝動性」を主症状とする行動の障害です。前者は，気がそれやすい，集中することが難しい，忘れやすい，最後までやりきることが難しいなど，注意を向け集中することの弱さといった特徴を指します。後者のうち「多動性」は，不適切な場面で動き回る（たとえば，授業中の離席），過剰にそわそわする（たとえば，席に座っていても手をせわしなく動かす），しゃべりすぎるなどの特徴を指し，「衝動性」は，質問が終わる前に出し抜けに答えてしまったり

順番を待てなかったりなど結果を考えず突発的に行動する特徴を指しています。なお、ここで示される「衝動性」は「せっかち」や「イライラ」のイメージに近く、暴力的な行動は含まれません。ADHD における暴力的な傾向には、不満やストレスといった心理的状況、過剰な注意や叱責など周囲のかかわり方といった二次的な影響が強いことに留意すべきです。DSM-5 によれば、有病率はほとんどの文化圏で、子どもの5％および成人の約 2.5％とされます。

ADHD の主症状のうち、特に「不注意性」は学習の困難さと大きく関連することが指摘されています。たとえば、Massetti ら（2008）は ADHD 児童の学習成果を8年間、追跡調査した研究から、多動性・衝動性に対し不注意性の問題が読み書き成績に強く影響することを報告しています。不注意性は、指示を聞き逃したり、集中が続かず最後までやり遂げることが難しかったりなど学習活動の成否と直接的に関連することが考えられます。

また、学習にかかわる重要な機能の一つとして「ワーキングメモリ（Working Memory; WM）」があります。WM は短期的に記憶を保持しながら同時に作業をする力のことで、ADHD はここに特異的な弱さを示すことがあります。たとえば、繰り上がりや繰り下がりの計算でケアレスミスを頻発したり、複数の事項を組み合わせて考える応用問題や読解問題でつまずきが大きかったり、複数の指示に対応できず混乱してしまったりといった状態などです。効果的な指導や支援としては、覚えなくてもできるよう「情報を視覚的に提示する」といった工夫や、弱い WM の力を効果的に使えるよう「覚えるべき事項を精選して提示する」工夫など、情報の質や量を調整することがあげられます。特に、WM は情報量の増加に伴って効率が下がることから、必要な情報に「すぐアクセスできるようにしておく（ヒントやガイドの『視覚化』）」が有効です。

ⅲ．限局性学習症（SLD）の理解

SLD は「読字の障害」「書字表出の障害」「計算の障害」の三つを主症状とします。「読字の障害」には、読字の正確さや速度、流暢性、読解力が含まれ、「書字表出の障害」には、文字の形を正確に書くといった綴り字や、文法と句読点の正確さ、文章表現といった書字表出の明確さが含まれます。「計算の障害」には、数的事実の記憶や計算の正確さまたは流暢性、数学的推理の正確さが含まれます。DSM-5 における SLD の有病率は、異なる言語や文化にまたがる学齢期の子どもで5〜15％と報告されています。

DSM-5 における SLD の定義は医学的な定義とも呼ばれます。一方で、特別支援教育の分野でよく用いられる文部科学省の定義（1999）は教育的な定義とも呼ばれます。それは、学習障害（Learning Disabilities; LD）とは「基本的には全般的な知的発達に遅れはないが、聞く、話す、読む、書く、計算する又は推論する能力のうち特定のものの習得と使用に著しい困難を示す様々な状態」というものです。両者の違いは、医学的な定義が主に言語性の機能的障害を指しているのに対して、教育的な定義では学習にかかわる広範な弱さをカバーする包括的概念（Umbrella term）として定義されている点です。両者に共通するのは「読み、書き、計算」に関する領域であり、このうち中核となるのは「読み」「書き」の障害です。

読み書きの特異的な弱さへの対応では、個

人の示すつまずきの状態とその背景的特性を把握することが求められます。ここでいう特性とは文字の情報処理にかかわるもので，代表的モデルの一つにトライアングル・モデル（Seidenberg and McCleland, 1989）があります。これは文字における「形態（Orthography）」「音韻（Phonology）」「意味（Semantics）」の各ユニットが中間層を介して双方向に情報をやりとりするもので，これらの処理には，それぞれ視覚的認知機能，聴覚的認知機能，記憶機能の関与が考えられます。読み書き習得には文字の「形」「音」「意味」をバランスよく理解する必要がありますが，SLDではここにアンバランスが生じていると考えられています。主要なアンバランスとしては，たとえば，'目'と'日'，'d'と'b'など文字の形を正確にとらえる「形態的特徴の認知（視覚的認知機能）に弱さがあるタイプ」，または，たとえば，'め'を /me/，'i' を /i/ や /ai/ と発音するなど文字と音との対応関係をとらえる「音韻的特徴の認知（聴覚的認知機能）に弱さがあるタイプ」があげられます。指導では，それぞれの示すアンバランスさに配慮し，認知的長所を活用する「長所活用型」の指導が有効です。たとえば，文字の形態的特徴の認知の弱さに対しては，文字の形の特徴や英単語の綴りの特徴を，語呂合わせやフレーズなど「ことば（聴覚的認知機能）」を使ってイメージを高める方法や，文字の音韻的特徴の認知の弱さに対しては，単語のアルファベットを1字ずつ画面に提示することで視覚的分析を促し単語イメージを高める方法などがあげられます（たとえば，上岡・北岡・鈴木，2018や上岡・鈴木，2018など）。

iv．併存症（Comorbidity）について

発達障害の大きな特徴の一つに，1人が複数の障害を併せもつ「併存症」があります。たとえば，ASDの約26%はADHDを併せもち（Lugo-Marin et al., 2019），ADHDの約45%はSLDを併せもつ（DuPaul et al., 2013）ことが報告されるなど，発達障害においては一般的な特徴です。また，ASDの半数以上が不安障害や気分障害など精神障害を併せもつ（Lugo-Marin et al., 2019），ADHDの60%以上が反抗挑発症や不安症，睡眠に関する障害など他の障害を併せもつ（Reale et al., 2017）など，不安や抑うつなど内在化，反抗的行動はじめ外在化の課題を併せもつことも知られています。

内在化や外在化の課題には，本人の心理状態や周囲のかかわり方など二次的な影響が大きく関係しますが，中でも，子ども本人の自己イメージ（self-image）の低さには十分な理解と支援が必要です。彼らはしばしば自分が実際よりも「能力が低い」と感じてしまうようです。たとえば，学校での活動において，自分だけわからない，自分なりに一生懸命取り組んでいるのにできない，失敗した際に笑われたり叱責されたりするなどの経験から不安やストレスを感じ，自分は他者より劣っている，自分の努力はほとんど意味がないなどネガティブな自己イメージをもってしまいます。先行研究では，このような不安やストレス，ネガティブな自己イメージは内在化や外在化の課題と強く関連することが指摘されています（たとえば，Steinberg and Drabick, 2015）。なお，このような無力感を抱いている状態では，成功したときに，それを運がよかったからだと考える一方で，失敗したときには，自分の能力が低いからだと考える傾向があること，さらには，無力感は10歳頃までに芽生え，それ以降ではポジティブな自己イメージ

をもつよう支援することが難しくなるとの指摘もあることから，学習の早期段階で成功体験を積みポジティブな自己イメージをもてるよう支援していくことが求められます。この際の支援とは，成功すること自体を支援するだけではなく，成功するために努力することを支援することも重要です。「自分は成功できる」「自分は努力できる」という認識が，チャレンジする心を育て自己イメージを高く保つための重要なポイントと考えられます。

3. まとめ

　ここまで発達障害について，ASD，ADHD，SLDに焦点を当て，その基本的な特性とともに併存症についても解説してきました。それぞれの障害には，その障害特有の特性が存在しますが，一人ひとりの示す状態は多様です。したがって，効果的な指導や支援のためには，障害特性に関する知識を土台にしながら，個人の示す状態や特性に合わせて指導法を調整・実践していくことが求められます。特に，困難さの軽減・解消を目指すとともに，その支援を通して，本人の「できる」「がんばれる」意識を高めていくことも重要です。

〈鈴木　恵太〉

〔参考文献〕
・Clarke, B., Baker, S., Smolkowski, K., & Chard, D.J. (2008). An analysis of early numeracy curriculum-based measurement examining the role of growth in student outcomes. *Remedial and Special Education*, 29, 46-57

・DuPaul, G., Gormley, M., and Laracy, S. (2013) Comorbidity of LD and ADHD: implications of DSM-5 for assessment and treatment. *Journal of Learning Disabilities*, 46, 43-51

・上岡清乃・北岡智子・鈴木恵太（2018）英語学習に特異的な困難を示す生徒に対する英語指導法の検討―認知特性に配慮した効果的な英単語書字指導法―．*Journal of Inclusive Education*, 5, 77-87

・上岡清乃・鈴木恵太（2018）漢字学習に特異的な困難を示す児童に対する認知特性に応じた漢字指導法の検討．高知大学教育実践研究，32, 61-68

・Lugo-Marin, J., Magan-Maganto, M., Rivero-Santana, A., Cuellar-Pompa, L., Alviani, M., Jenaro-Rio, C., Diez, E., and Canel-Bedia, R. (2019) Prevalence of psychiatric disorders in adults with autism spectrum disorder: A systematic review and meta-analysis. *Research in Autism Spectrum Disorders*, 59, 22-33

・Masseti, GM., Lahey, BB., Pelham, WE., Loney, J., Ehrhardt, A., Lee, SS., and Kopp, H. (2008) Academic achievement over 8 years among children who met modified criteria for attention deficit/ hyperactivity disorder at 4-6 years of age. *Journal of Abnormal Child Psychology*, 36, 399-410

・Reale, L, Bartoli, B, Cartabia, M, Zanetti, M, Costantino, MA, Canevini, MP, Termine, C, and Bonati, M. (2017) Comorbidity prevalence and treatment outcome in children and adolescents with ADHD. *European Child and Adolescence Psychiatry*. 26, 1443-1457.

・Seidenberg, MS., and McClelland, J. (1989). A distributed, developmental model of recognition. *Psychological Review*, 96, 523-568

・Steinberg, E., and Drabick, D. (2015) A developmental psychopathology perspective on ADHD and comorbid conditions: The role of emotion regulation. *Child Psychiatry & Human Development*, 46, 951-966

③ 教育実践と心理アセスメント

1. 特別支援教育と心理アセスメント

ⅰ. 特別支援教育の歴史と心理アセスメント

　戦後の特別支援教育の歴史，とりわけ知能，認知，社会性などの心理的ニーズを主とする知的障害教育や発達障害教育の歴史を振り返ってみると，心理アセスメントへの関心の高まりが見られた時期が三つあります。

　一つは，1947年の学校教育法により，「特殊教育」が制度として発足した頃です。そもそも知的な障害をどのようにとらえるかを明らかにするために知能検査等が活用されました。戦後の知的障害教育を先導した研究者の多くが心理学者であったこともあり，海外の最新の動向が紹介され，心理アセスメントの知見は，知的障害教育の対象の明確な把握につながり，その後の知的障害教育制度の整備に大きく貢献しました（精神薄弱児実態調査委員会，1956）。

　二つは，主に1960年代以降で，障害の重度化・多様化が課題とされた頃です。多様な障害に適確に対応するためのきめ細かな心理アセスメントが教育現場に紹介されました（たとえば，全日本特殊教育研究連盟，1972）。1970年度の養護学校学習指導要領改訂により，領域「養護・訓練」（現在の自立活動）が新設されたことも，心理アセスメントの現場での定着を促しました（全日本特殊教育研究連盟，1974）。

　三つは，アメリカの全障害児教育法（1975年施行）に基づくIEP（個別教育計画）への関心が我が国で高まった1990年代の頃です。

個へのきめ細かな対応を徹底するために，教育現場では「実態把握」の方途として心理アセスメントが活用されました。1998年度の学習指導要領改訂で個別の指導計画の作成が示されたことで，教育現場での心理アセスメントの必要感はいっそう高まりました（全国知的障害養護学校長会，2000）。

　現在では，いわゆる発達障害への関心の高まり等もあり，心理アセスメントは，活用の場を通常の教育にも拡大しています。

ⅱ. 教育現場での心理アセスメントの受け止め

　このように，戦後の特別支援教育の発展と心理アセスメントは密接なかかわりをもっているということができますが，それゆえに，教育現場での心理アセスメントの受け止め方にはいくつかの傾向が認められます。

　一つは，教育を実践するにあたり，心理アセスメントに関心をもたない立場。筆者はこれを心理アセスメント「不要論」と呼びます。心理アセスメントを行わなくても授業づくりはできるというものです。

　もう一つは，むしろ心理アセスメントに対して否定的な立場。心理アセスメントによるのではなく，教師は子どものありのままの姿から子どもを理解すべし，という立場で，筆者はこれを子ども理解の「ありのまま論」と呼びます。

　「不要論」「ありのまま論」は心理アセスメントへの姿勢に温度差がありますが，いずれも心理アセスメントに消極的ないしは否定的な立場を取ります。教育という「文系」の営

みに対して，心理アセスメントという「理系」の営みが馴染まない，あるいは抵抗感があるというところでしょうか。

これらとは逆に，心理アセスメントにかなり重きを置いた立場もあります。これはいわば，心理アセスメント「主導論」とでもいいましょうか。教室で，何らかの発達の気になる子どもと出会ったとき，何をおいても心理アセスメントを実施，そしてその結果によって教育的対応を判断するものです。

教育とは多様であってよいというのが，筆者の教育観の一つですので，以上のような立場をいずれも否定するつもりはありません。その上で，教育現場で心理アセスメントを適切に活用していくにはどのような点に留意すべきか，筆者の考えを以下述べます。

iii．正しい対象理解のために

前提となるのは，特に心理的ニーズへの対応を必須とする特別支援教育においては，心理アセスメントは不可欠であるという認識です。

たとえば，そもそも知的障害とはどのような障害であり，どのようなニーズを有しているのか，そのことを適確に理解していない状態では，知的障害教育はその枠組みからして成立しません。

戦後の我が国の特別支援教育発足当初の制度整備に心理アセスメントが不可欠であったように，目の前のAさん，Bさんへの教育を始めるにあたっても，その障害を正しく理解することが不可欠です。そのために，教師は心理アセスメントの結果を正しく理解する力量を有していなければなりません。

リアルにいえば，学習の遅れとして把握されたAさんの状態が，知的障害に基づくのか，何らかの環境因による学習遅進なのか，とい

うことは，心理アセスメントを含む精査なくしては判断が極めて困難です。

ビネー式知能検査が，知的障害のある子どもに適切な教育を行うために考案されたことは，心理学の歴史上よく知られたことです。心理アセスメントを経て，対象を正しく理解した上で，教育を計画し，実施することが必要です。

iv．教育目標と心理アセスメント

一方で，心理アセスメントの結果を，教育の計画・実施にどのように生かしていくかについては慎重さが求められます。

特に注意しなければならないのは，学校において行われるそれぞれの授業には，授業としての固有の目標が存在しているという点です。時に，心理アセスメントの結果から授業の目標を立案するということも見られます（前述の「主導論」）。これは，心理アセスメントの結果，課題とされた事項を指導し，改善しようとするものです。たとえば，社会性に関するアセスメントを実施した結果，コミュニケーションに課題があるとすると，国語の時間にコミュニケーション指導を目標とする授業を行うというようなものです。

コミュニケーション指導そのものを学校で行うこと自体を否定するものではありませんが，国語には国語の目標があります。そのことを差し置いて，言語活動があることに関連づけて，コミュニケーション指導を目標として設定するのは，学校教育の方向性を見誤ることになります。

また，心理アセスメントの結果から指導目標を設定することには，もう一つ注意すべきことがあります。それは，心理アセスメントの結果がただちにその子の教育的ニーズに直結するとは限らないということです。

標準化した心理検査を適切に用いた心理アセスメントであれば，その結果の精度は高いといえます。その結果で課題が示されることもあるでしょう。しかし，その課題がただちに指導の目標となるかは別の問題です。そのありのままの姿を個性と認めることも可能だからです。

教育目標を設定するときには，心理アセスメントのみならず，幅広い子ども理解が求められます。その幅広い情報を整理するにあたって，教育の視点を明確にするために，学校教育の目標（どのような子どもに育ってほしいか）は重要な視点になります。

つまり，学校教育においては，学校教育の目標，授業の目標が主であり，その目標に即した範囲で心理アセスメントが活用されるということが大切な点です。

ⅴ．よりよい授業のために

本書では多様な心理アセスメントを紹介しています。それぞれの心理アセスメントには，その人の何を明らかにしたいのか，何のために使用するのか，といったそれぞれに固有の目的があります。その目的を正しく理解し，授業の目標達成のために活用できる心理アセスメントである場合に，それを採用，活用することになります。

授業の目標を達成するために必要な子どもの情報を得ることは，教育の計画・実施における心理アセスメントの有効な活用方法です。

たとえば，学習障害と一言でいっても，その認知特性は多様です。学習障害のあるＢさんが授業の目標や内容をよりよく理解できるために，認知特性を把握することは大切なことです。そのために，子どもの認知特性を明らかにする目的で作成された心理検査は大きな力を発揮してくれます。

ⅵ．心理アセスメントの教育的意義

特別支援教育の発展過程において心理アセスメントの存在は不可欠でした。それは対象となる子どもを正しく理解するためであり，最適な授業づくりの手掛かりを得るためでした。その必要性は今日においてもまったく変わることがありません。

特別支援教育，ひいては学校教育における心理アセスメントの意義を正しく認め，活用していくことが大切です。

2. 教育の今日的課題と心理アセスメント

ⅰ．学習評価と心理アセスメント

2017年から順次公示された新学習指導要領には，これまでにない大きな変革が見られました。新学習指導要領には重要なキーワードがいくつもあります。その一つ，「育成を目指す資質・能力」は，その内容を三つの柱で整理しています。その柱に即して，現在，特別支援教育においても，「知識・技能」「思考・判断・表現」「主体的に学習に取り組む態度」の3観点による学習評価が求められています。学習評価の重要性は，新学習指導要領のキーワードである「カリキュラム・マネジメント」においても言及されています。

特別支援教育の場で，この3観点による学習評価を行う場合には，子どもの障害や学習の状況を正しく理解することが前提となり，そのために心理アセスメントの活用は有益です。

たとえば，「知識・技能」について学習指導要領解説では，「『知識』には，個別の事実的な知識のみではなく，それらが相互に関連付けられ，さらに社会の中で生きて働く知識となるものが含まれている点に留意が必要で

ある」としています。習得を目指す知識や技能が，その子の発達の段階に即したものであるかを把握するには心理アセスメントが大きく貢献します。さらに，「生きて働く」知識や技能になりうるかが問われていることを考えれば，そのための子どもの学びやすさについても検討する必要があります。その場合，当該の子どもの認知特性を明らかにする等，心理アセスメントの役割もいっそう広がります。

「思考・判断・表現」の観点は，まさに子どもの心的機能をとらえる観点でもあります。子どもの思考や判断のプロセスや最適な表現方法を見出す上で，心理アセスメントから得られる情報は有益です。

「主体的に学習に取り組む態度」についてはその評価や指導にあたって，「学習に関する自己調整にかかわるスキルなど，心理学や教育学等における学問的知見を活用することも有効である」とされています（中央教育審議会，2019）。この点でも心理アセスメントによって，子どもの学習の在り方に関する手掛かりを得ることができます。

3観点が示す教育目標の達成状況の豊かさが心理学的な側面，とりわけ諸検査等によるアセスメントの守備範囲に限定されるものではないこと等をふまえれば，心理アセスメントは有用な情報を提供してくれます。

ⅱ．多様な学びの場での対応

2021年に，文部科学省はそれまでの「教育支援資料」を大幅に改訂し，「障害のある子供の教育支援の手引〜子供たち一人一人の教育的ニーズを踏まえた学びの充実に向けて〜」を公にしました。ここでは，就学時だけでなく，多様な教育の場で子どもの教育的ニーズを把握し，適切な教育を行っていくため

の指針が示されています。「第3編 障害の状態等に応じた教育的対応」では，障害種別ごとに詳細な記載がありますが，心理学的な側面からの状況把握の在り方が示されています。

インクルーシブ教育システム構築にあたり，我が国では多様な特別支援の場が整備されてきました。これらの場を固定的にとらえるのではなく，子どもの成長・発達や学びの状況に応じて，教育的ニーズに柔軟に応えられる場としてとらえていくことが必要です。

多様な教育の場を柔軟に活用していくためには，子どもの姿を折々に見直していくことが求められます。そのために，多様な心理アセスメントの有用性はますます高まっているといえます。

ここでも，なぜ心理アセスメントをするのか——それは，子どもの自立と社会参加，主体的な生活の実現にありますが——を踏まえていれば，そのために有益な心理アセスメントを選択し，活用することができるでしょう。

3. 教師と心理アセスメント

以上，特別支援教育と心理アセスメント（歴史や現場の受け止め，適切な活用），教育の今日的な課題と心理アセスメントについて述べてきました。心理アセスメントの現場的な意義を読み取っていただければうれしいことです。

本稿のまとめとして，特別支援教育の現場で，教師は心理アセスメントとどのように向き合っていけばよいのか，2点に整理します。

一つは，実際に心理アセスメントを教師が活用するということです。実際に特別支援教育の教師は，心理検査を実施することがあり

ます。しかし，心理検査ができなくても，子どもを見取り，理解するための記録作成や課題の整理などに心理アセスメントの方法や視点は生きます。

　二つは，心理アセスメントの示す情報を正しく理解することです。今日多くの心理検査法がある中，そのすべてを教師が行うことは現実的ではありません。心理職の教育参加が進み，教育職と心理職の協働が実現しつつある時代です。心理職が実施した心理検査等の結果の意味を正しく理解するということも，今日の教師には求められます。

　いずれにしても，教育の専門家であるという立場から，心理アセスメントと向き合い，よりよい教育のために生かしていくことが大切です。

〈名古屋恒彦〉

〔文献〕
・中央教育審議会（2019）「児童生徒の学習評価の在り方について（報告）」
・文部科学省（2018）「特別支援学校教育要領・学習指導要領解説　総則編（幼稚部・小学部・中学部）」
・文部科学省（2021）「障害のある子供の教育支援の手引〜子供たち一人一人の教育的ニーズを踏まえた学びの充実に向けて〜」
・精神薄弱児実態調査委員会編（1956）『精神薄弱児の実態』東京大学出版会
・全国知的障害養護学校長会編著（2000）『個別の指導計画と指導の実際─新学習指導要領実践〈知的障害教育〉─』東洋館出版社
・全日本特殊教育研究連盟（1972）「特集　精神薄弱児の発達」，『精神薄弱児研究』No. 64，pp.8-31
・全日本特殊教育研究連盟（1974）「特集　「養護・訓練」の実践」，『精神薄弱児研究』No.184，pp.8-45

特別支援教育に生きる心理アセスメント34

田中ビネー知能検査Ⅴ

著　　　者：田中教育研究所編集／杉原一昭，杉原隆監修／中村淳子，大川一郎，野原理恵，芹沢奈菜美編著
発　　　行：田研出版，2003 年
キーワード：一般知能，年齢尺度，精神年齢（MA），知能指数（IQ），偏差知能指数（DIQ）
一言紹介：年齢尺度によって構成され，2 歳から成人を対象に一般知能を測定することを目的とした個別知能検査。精神年齢，知能指数，偏差知能指数などを算出する。

なに

2 歳から成人を対象に，一般知能の測定を目的とした知能検査です。その歴史は古く，フランスのビネーとシモンが世界で初めての知能検査の原型を発表した 1905 年にまでさかのぼります。その方法論をアメリカのターマンが継承し，1916 年にスタンフォード・ビネー知能検査を発表しました。そのスタンフォード・ビネー検査をもとに，日本において，田中寛一が 1947 年，田中ビネー知能検査を発刊しました。以降，時代の変化とともに 4 回の改訂を経て，現在では第 5 版が使用されています。

日本では，ウェクスラー式知能検査と並んで多用されている，代表的な個別知能検査の一つです。特に，対象年齢の幅広さや，実生活に即した問題が難易度順に並べられた構成などから，特別支援を必要とする子どもたちや成人に対して，比較的実施ならびに活用がしやすい検査であるといえるでしょう。

たとえば，ある問題について，「4 歳の大半の子どもたちにとっては難しいが，5 歳の子どもたちの半分くらいはできる。6 歳の子どもたちにとっては簡単で，ほとんどができる」などのように，年齢による一般的な発達水準が明確にされています。そのような各年齢の発達水準に基づく問題によって構成され

た「年齢尺度」が導入されているので，検査の結果を具体的なフィードバックにつなげやすく，指導や支援に活用しやすいといえます。

どうやって

1 歳級から 13 歳級までの問題が，合計 96 問（1 ～ 3 歳級は各 12 問，4 ～ 13 歳級は各 6 問）（図 1），成人の不位検査が 17 あります（図 2）。また，1 歳級以下の発達もとらえられるように，「発達チェック」項目が設置されており，発達の指標として参考にすることができます。

各年齢級の問題には，言語理解，言語表現，操作，記憶，概念，数量など，さまざまな内容が含まれています。これは，知能というものを，いくつかの因子に分類された個々別々の能力の寄せ集めとしてとらえるのではなく，一つの統一体としてとらえたビネーの考え方に基づいています。人が何かに直面したときに共通して作用する，さまざまな能力の基礎となる心的能力を「一般知能」として，この検査では測定します。

基本的には，対象者の生活年齢である年齢級から問題を始めます（発達に遅れのある対象者の場合には，必ずしもそうではありません）。その年齢級の中で，一つでも達成されない問題があった場合は，もう一つ前の年齢級の問題を実施し，すべての問題を達成できる下限

の年齢級を特定します。一方で，すべての問題が達成されない上限の年齢級も特定します。下限と上限の年齢級や，達成された問題の数などから，結果としての数値を算出します。

対象者が2歳から13歳11か月までの場合には，精神年齢（Mental Age；MA）を算出し，生活年齢で割って100をかける計算式によって，知能指数（Intelligence Quotient；IQ）を算出します。

対象者が14歳以上成人の場合には，原則として精神年齢の算出は行いません。生活年齢が高くなるにつれて，年齢との関係だけでは知能発達がとらえられなくなるためです。通常，成人の場合，幼年期や児童期に比べて，発達がゆるやかになったり下降したりするこ

とがありますので，精神年齢の概念はあまり意味をもたなくなります。14歳以上成人の場合には，その対象者が，同じ年齢集団と比べてどの程度の発達レベルに位置するか，という相対評価としての偏差知能指数（Deviation IQ；DIQ）を算出します。また，「結晶性」「流動性」「記憶」「論理推論」の4分野について，それぞれDIQを算出し，プロフィールとして知能の特徴を示します。このことは，知能が加齢に伴って分化することを意味しています。

どうする

田中ビネー知能検査は，対象者の基礎的な能力の発達の遅速をトータルにとらえることにすぐれています。結果として算出された数値をその参考にしながらも，それだけにとらわれることのない結果の解釈と，指導・支援方法への反映が望まれます。具体的な検査内容や，検査に取り組む様子を振り返りながら，現時点の対象者の状態を把握し，今後の発達をどのように促していくかという視点で結果を活用していくことが必要です。

〈滝吉美知香〉

歳級	番号	問題名	歳級	番号	問題名
1歳級	1	チップ差し★11	6歳級	49	絵の不合理★44
	2	犬さがし		50	曜日
	3	身体各部の指示（客体）		51	ひし形模写
	4	語彙（物）★14		52	理解（問題場面への対応）
	5	積木つみ		53	数の比較★58
	6	名称による物の指示★12		54	打数数え
	7	簡単な指示に従う★19	7歳級	55	関係類推
	8	3種の型のはめこみ		56	記憶によるひもとおし
	9	用途による物の指示★21		57	共通点（A）
	10	語彙（絵）★24,25,37		58	数の比較★53
	11	チップ差し★1		59	頭文字の同じ単語
	12	名称による物の指示★6		60	話の不合理（A）
2歳級	13	動物の見分け	8歳級	61	短文の復唱（B）
	14	語彙（物）★4		62	語順の並べ換え（A）
	15	大きさの比較		63	数的思考
	16	2語文の復唱		64	短文作り
	17	色分け		65	垂直と水平の推理
	18	身体各部の指示（主体）		66	共通点（B）
	19	簡単な指示に従う★7	9歳級	67	絵の解釈（A）
	20	縦の線を引く		68	数的思考（B）
	21	用途による物の指示★9		69	差異点と共通点
	22	トンネル作り		70	図形の記憶（A）
	23	絵の組み合わせ		71	話の不合理（B）
	24	語彙（絵）★10,25,37		72	単語の列挙
3歳級	25	語彙（絵）★10,24,37	10歳級	73	話の意味（B）
	26	小鳥の絵の完成		74	話の記憶（A）
	27	短文の復唱（A）		75	ボールさがし
	28	属性による物の指示		76	数的思考（C）
	29	位置の記憶		77	文の完成
	30	数概念（2個）		78	積木の数（A）
	31	物の定義	11歳級	79	語の意味★85
	32	絵の異同弁別		80	形と位置の推理★90
	33	理解（基本的生活習慣）		81	話の記憶（B）
	34	円を描く		82	数的思考（D）
	35	反対類推（A）		83	木偏・人偏のつく漢字
	36	数概念（3個）		84	話の不合理（D）
4歳級	37	語彙（絵）★10,24,25	12歳級	85	語の意味★79
	38	順序の記憶		86	分類
	39	理解（身体機能）		87	数的思考（E）
	40	数概念（1対1の対応）		88	図形の記憶（B）
	41	長方形の組み合わせ		89	語順の並べ換え（B）
	42	反対類推（B）		90	形と位置の推移★80
5歳級	43	数概念（10個まで）	13歳級	91	共通点（C）
	44	絵の不合理★49		92	暗号
	45	三角形模写		93	方角
	46	絵の欠所発見		94	積木の数（B）
	47	模倣によるひもとおし		95	話の不合理（D）
	48	左右の弁別		96	三段論法

図1　1歳級～13歳級の問題

番号	下位検査名	
A01	抽象語	
A06	概念の共通点	
A08	文の構成	
A10	ことわざの解釈	
A15	概念の区別	
A03	積木の立体構成	
A13	マトリックス	
A11	語の記憶	
A14	場面の記憶	
A16	数の順唱	
A17	数の逆唱	
A02	関係推理	（順番）
A04		（時間）
A05		（ネットワーク）
A07		（種目）
A09	数量の推理	（工夫）
A12		（木の伸び）

図2　成人級の不位検査

知能・認知　発達　能力・適応　ことば　読み書き・視知覚　社会的・対人的　注意・集中　感覚・運動

WPPSI-Ⅲ （ウィプシ・スリー）

Wechsler Preschool and Primary Scale of Intelligence- Third Edition

著　　　者：Wechsler, D.（日本版作成：日本版 WPPSI-Ⅲ刊行委員会）
発　　　行：日本文化科学社，2017 年
キーワード：言語理解，知覚推理，処理速度，語い総合得点，全検査 IQ
一言紹介：ウェクスラー式知能検査の幼児期用（2 歳 6 か月～7 歳 3 か月）。言語理解指標と知覚推理指標から全検査 IQ を算出する。必要に応じ処理速度指標と語い総合得点も算出可能。

➡ な に

2 歳 6 か月から 7 歳 3 か月までを適用年齢とした，ウェクスラー式知能検査の幼児期用です。WPPSI（1967 年。日本語版は 1969 年）の改訂版である WPPSI-R（1989 年。日本語版は未刊行），さらにその改訂版である WPPSI-Ⅲ（2002 年）の発刊を受け，日本版 WPPSI-Ⅲは 2005 年から開発・標準化作業が進められ，2017 年に刊行されました。

➡ どうやって

14 の下位検査により構成されますが，①2 歳 6 か月から 3 歳 11 か月，②4 歳 0 か月から 7 歳 3 か月，という二つの年齢幅により，それぞれで下位検査の組み合わせが異なります（図 1）。全検査 IQ（Full Scale IQ: FSIQ）のほか，言語理解指標（Verbal Comprehension Index: VCI）と知覚推理指標（Perceptual Reasoning Index: PRI）を算出します。さらに，②では処理速度指標（Processing Speed Index: PSI）を，①②の両方で「語い総合得点」（General Language Composite: GLC）を求めることができます。

各下位検査を実施順に簡単に説明します。

積木模様：提示されたモデルとなる模様（積木または図版）と同じ模様を，決められた数の積木（1 色または 2 色）を用いて，制限時間内に作る。

知識：絵の課題では，選択肢から回答を選ぶ。語の課題では，一般的な知識に関する質問に口頭で答える。

行列推理：一部空欄になっている図版を見て，空欄に当てはまる回答を選択肢から選ぶ。

単語：絵の課題では，絵の名称を答える。語の課題では，口頭で提示された単語の意味を答える。

絵の概念：2～3 段から成る複数の絵について，各段から共通の特徴のある絵を一つずつ選ぶ。

記号探し：左側の刺激記号が右側の記号グ

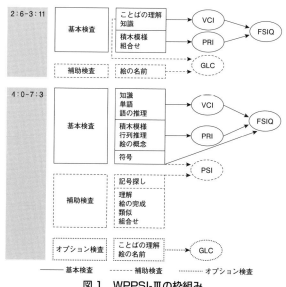

図 1　WPPSI-Ⅲの枠組み

ループの中にあるかどうかを，制限時間内に判断し○をつける。

　語の推理：いくつかのヒントから，それらに共通する概念を答える。

　符号：見本を手掛かりに，幾何図形と対になっている記号を制限時間内に書き写す。

　理解：日常的な問題の解決や社会的なルールの理解に関する質問に口頭で答える。

　絵の完成：絵の中で欠けている重要な部分を探し，指差しか口頭で答える。

　類似：共通の特徴をもつ二つの概念を含む不完全な文章を聞き，共通の特徴を答えることで，文章を完成させる。

　ことばの理解：検査者が読み上げる言葉に相当する絵を，4枚1組の絵の中から選ぶ。

　組合せ：パズルピースを制限時間内に組み合わせる。

　絵の名前：提示された絵の名称を答える。

　各下位検査の粗点から換算される評価点は，受検者の検査結果を同じ年齢集団と比較したものです。平均を10，標準偏差を3とする正規分布のもと，得点化されています。下位検査の評価点合計から換算される合成得点も同様に，平均を100，標準偏差を15とする基準に基づき得点化されています（図2）。

　ある得点の下に何％の人が位置するかを示す「パーセンタイル順位」は，他の受検者との比較の中でその受検者の結果を説明するのに役立ちます。また，検査の得点にはある程度の測定誤差が含まれることから，受検者の真の得点が位置すると考えられる数値の幅が「信頼区間」として示されます。

　受検者の得点を，同じ年齢集団と比較し位置づける個人間差の解釈に対し，各指標や各下位検査の間で得点の差を比較することで個

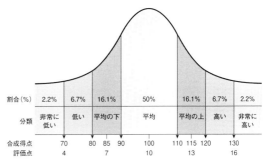

図2　合成得点および評価点の正規曲線

人内差の解釈も可能になります。受検者自身の各指標間および下位検査間の得点差の絶対値が統計的に有意であるかどうか検討する「ディスクレパンシー比較」や，受検者自身の得点の平均値を基準とした「強みと弱みの判定」などを行うことができます。

▶ どうする

　WPPSI-Ⅲは，学校教育場面での学習につながるような基礎的な力として，知的機能や認知機能を分化的にとらえることが可能です。対象は主に就学前の子どもたちですが，成長に合わせて，WISC-ⅤやWAIS-Ⅳの結果とも対照させ，知的能力の発達的変容を追う際の参考にもなります。

　また，WPPSI-Ⅲの適用年齢は，学齢期用であるWISC-Ⅴの適用年齢と一部重複しています。そのため，WISC-Ⅴを適用するには基本検査が多く対象児の集中力の持続が困難であることが懸念される場合などには，WPPSI-Ⅲを用いることができます。いずれの場合も，WPSSI-Ⅲによってとらえられた対象児の認知的な特性から，効果的な教育的支援へとつなげる視点が重要となります。

〈滝吉美知香〉

WISC-Ⅴ （ウィスク・ファイブ）

Wechsler Intelligence Scale for Children – Fifth Edition

著　　　者：Wechsler, D. （日本版作成：日本版 WISC-Ⅴ刊行委員会）
発　　　行：日本文化科学社，2021 年
キーワード：言語理解，視空間，流動性推理，ワーキングメモリー，処理速度，全検査 IQ
一言紹介：ウェクスラー式知能検査の学齢期用（5 歳 0 か月～16 歳 11 か月）。全般的な知的能力を示す合成得点（全検査 IQ）のほか，特定の認知領域の知的機能を表す下位検査評価点と合成得点（五つの主要指標と五つの補助指標）を算出する。

➡ な に

　5 歳 0 か月から 16 歳 11 か月までを適用年齢とした，ウェクスラー式知能検査の学齢期用です。1949 年（日本版は 1953 年）の初版 WISC から 4 回の改訂を経て，2014 年に発刊された WISC-Ⅴの日本版です。米国版とは適用年齢や下位検査の構成などで異なる点があります。

➡ どうやって

　10 の主要下位検査と，6 の二次下位検査があります。主要下位検査により，全検査 IQ（Full Scale IQ: FSIQ）と，五つの主要指標得点が算出されます。また，二次下位検査との組み合わせにより，五つの補助指標得点を算出することも可能になります。五つの主要指標とは，言語理解指標（Verbal Comprehension Index: VCI），視空間指標（Visual Spatial Index: VSI），流動性推理指標（Fluid Reasoning Index: FRI），ワーキングメモリー指標（Working Memory Index: WMI），処理速度指標（Processing Speed Index: PSI）です。五つの補助指標得点とは，量的推理指標（Quantitative Reasoning Index: QRI），聴覚ワーキングメモリー指標（Auditory Working Memory Index: AWMI），非言語性能力指標（Nonverbal Index: NVI），一般知的能力指標（General Ability Index: GAI），認知熟達度指標（Cognitive Proficiency Index: CPI）です（図 1）。

　各下位検査を実施順に簡単に説明します。

　積木模様：提示されたモデルとなる模様（積木と図版または図版のみ）と同じ模様を，2 色の積木を用いて，制限時間内に作る。

　類似：共通の特徴をもつ二つの言葉を聞き，どのように類似しているか答える。

　行列推理：一部空欄になっている図版を見て，空欄に当てはまる回答を選択する。

　数唱：読み上げられた一連の数字を，同じ順番（順唱），逆の順序（逆唱），昇順に並べ替えた順番（数整列）で言う。

　符号：見本を手がかりに，幾何図形または数字と対になっている記号を制限時間内に書き写す。

　単語：絵の課題では絵の名称を，語の課題では口頭で示された単語の意味を答える。

　バランス：提示された絵の天秤が釣り合うために適切な重りを，選択肢の中から制限時間内に選ぶ。

　パズル：選択肢の中から，組み合わせると見本の図と同じになるもの三つを，制限時間内に選ぶ。

　記号探し：左側の刺激記号が右側の記号グループの中にあるかどうかを制限時間内に判断し，線を引く。

　知識：一般的な知識に関する質問に答える。

絵の概念：2～3段から成る複数の絵について，各段から共通の特徴のある絵を一つずつ選ぶ。

語音整列：読み上げられた一連の数字と仮名を，数字は昇順に，仮名は五十音順に並べ替えて答える。

絵の抹消：規則的あるいは不規則的に配置された絵の中から，制限時間内に特定の絵を探し，線を引く。

理解：日常的な問題の解決や社会的なルールの理解に関する質問に答える。

算数：算数の課題（絵の課題，語の課題）に時間制限内に暗算で答える。

評価点や合成得点の解釈，および「パーセンタイル順位」「信頼区間」「強みと弱み」などの基本的なとらえ方は前項の WPPSI-III と共通しています。WISC-V では，二つの指標間や下位検査間の「対比較」，受検者の回答を質的に分析する「プロセス分析」などを行うことも可能です。

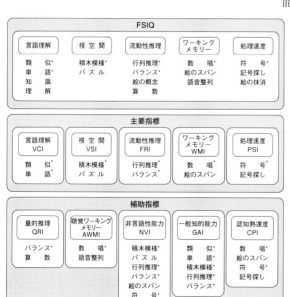

* FSIQ の算出に必要な主要下位検査。

図1　WISC-V の枠組み

どうする

WISC-V の特徴の一つは，これまで（WPPSI-III や WAIS-IV では現在も）知覚推理として扱われていた領域を，視空間および流動性推理に分けてとらえる点にあります。目で見て形やパターンを推測することの背景にある，視覚的情報の詳細を評価し空間関係を理解する力の程度と，視覚的情報間の根底にある概念的関係を検出し推理を用いてルールを特定し応用する力の程度とを，別々に測定することが可能になりました。

このことにより，対象児に対する教育的支援をより具体的に考案することができます。たとえば，視空間の理解に苦手さがある場合には，空間の構成を部分限定的に提示したり，空間を同定するための目印や聴覚情報を付加するなどの手立てが考えられるでしょう。流動性推理の苦手さがある場合には，視覚情報の抽象化や概念化に難しさがあるのか，推理能力の弱さがあるのか，などの点から結果を解釈し，教育的かかわりの中で対象児の苦手さを補う方法を見出していくことが期待されます。

その他，補助指標にかかわる分析は任意ですので，特定の相談内容や臨床目的に合わせて部分的に用いられます。たとえば，算数に特異的な苦手さのある対象児の場合には量的推理，聴覚情報処理や注意の転導性が気になる対象児の場合には聴覚ワーキングメモリーといったように，対象児の状態像に合わせた枠組みからその知的能力を理解することが，現場での効果的な教育的支援に役立てられるでしょう。

〈滝吉美知香〉

WAIS-Ⅳ （ウェイス・フォー）

Wechsler Adult Intelligence Scale – Fourth Edition

著　　者：Wechsler, D.（日本版作成：日本版 WAIS-Ⅳ 刊行委員会）
発　　行：日本文化科学社，2018 年
キーワード：言語理解，知覚推理，ワーキングメモリー，処理速度，全検査 IQ
一言紹介：ウェクスラー式知能検査の成人期用（16 歳～90 歳）。言語理解，知覚推理，ワーキングメモリー，処理速度の四つの指標で構成され，全検査 IQ を算出する。

❖——❖——❖——❖——❖——❖——❖——❖——❖——❖——❖——❖——❖——❖——❖

➡ な に

　16 歳 0 か月から 90 歳 11 か月までを適用年齢とした，ウェクスラー式知能検査の成人期用です。1939 年に作成されたウェクスラー・ベルビュー知能検査（WPPSI，WISC の原型でもあります）をもとに，1955 年（日本版は 1958 年）に WAIS が発刊されました。3 度目の改訂版として 2008 年刊行された WAIS-Ⅳ の日本版です。

➡ どうやって

　WAIS-Ⅳ の検査の枠組みは，四つの指標で構成されています。各指標を構成する下位検査を用いて，対応する指標得点，すなわち，言語理解指標（Verbal Comprehension Index: VCI），知覚推理指標（Perceptual Reasoning Index: PRI），ワーキングメモリー指標（Working Memory Index: WMI），処理速度指標（Processing Speed Index: PSI）を算出します。それぞれの指標が「全検査」を構成しており，「全検査」から全検査 IQ（Full Scale IQ: FSIQ）を算出します。各指標とそれを構成する下位検査を図 1 に示します。合成得点（FSIQ と四つの指標得点）を求める場合は，可能な限り，基本検査を実施します。基本検査で得た得点が無効になった場合や欠測となった場合

（たとえば実施ミスや，受検者の身体的制約や反応の偏りなどにより無効となる場合があります），一定の条件のもとで補助検査の得点を代わりに用いることができます（このような検査の代替ルールは WPPSI-Ⅲ や WISC-V にもあります）。

　各下位検査を実施順に簡単に説明します。

　積木模様：提示されたモデルとなる模様（積木と図版，または図版のみ）と同じ模様を，2 色の模様で構成された積木を使って，制限時間内に作る。

　類似：口頭で提示された共通点または共通概念をもつ二つの言葉が，どのような点で似ているかを答える。

　数唱：読み上げられた一連の数字を，同じ順番で答える「順唱」，逆の順序で答える「逆唱」，昇順に並べ替えて答える「数整列」を行う。

図 1　WAIS-Ⅳ の枠組み

行列推理：提示された不完全な行列または系列を完成させるのに最も適切なものを選択肢の中から選ぶ。

単語：絵の課題では，提示された絵の名称を答える。語の課題では，文字および口頭で提示された単語の意味を答える。

算数：口頭で提示された算数の文章題を，紙と鉛筆を使わずに暗算で，時間制限内に答える。

記号探し：左側の刺激記号が右側の記号グループの中にあるかどうかを，制限時間内に判断し○をつける。

パズル：選択肢の中から，組み合わせると見本の図と同じになるもの三つを，制限時間内に選ぶ。

知識：一般的な知識に関する質問に答える。

符号：見本を手掛かりに，数字と対になっている記号を制限時間内に書き写す。

語音整列：読み上げられた一連の数字と仮名を，数字は昇順に，仮名は五十音順に並べ替えて答える。

バランス：提示された絵の天秤が釣り合うために適切な重りを，選択肢の中から制限時間内に選ぶ。

理解：一般的な原則や社会的状況についての理解に関する質問に答える。

絵の抹消：規則的あるいは不規則的に配置された絵の中から特定の絵を探し，制限時間内に線を引く。

絵の完成：提示された絵の中で欠けている重要な部分を探し，制限時間内に答える。

評価点や合成得点の解釈，および「パーセンタイル順位」「信頼区間」「ディスクレパンシー比較」「強みと弱みの判定」「プロセス分析」などに関するとらえ方の基本は，

WPPSI-Ⅲや WISC-Ⅴにも共通します。

どうする

学齢期以降も継続して知的能力や認知能力の状態を再確認する必要がある場合や，成人期対象者の神経学的・精神医学的障害の鑑別が必要な場合などに適用されます。その結果は，中等教育以降の諸学校における教育的支援や，学齢期以降の生活や就労のための福祉的・医療的支援に活用されることが期待されます。受検者の生育歴，教育歴，既往歴，心理社会的経歴などもさまざまですので，相談の内容や主訴をふまえた評価の目的に照らして，結果の解釈を行うことが重要です。

WPPSI-Ⅲや WISC-Ⅴの場合，その結果の解釈や活用には，受検者の養育者や療育・教育に携わる支援者のニーズや意向も大きくかかわってきます。一方，WAIS-Ⅳの場合は，受検者自身がその結果をどう理解し，その後の自分の人生にどう活用していくかという視点がポイントであると考えます。受検者自身のこれまでの体験や実感とともに結果が解釈されることによって，自分自身の知的能力や認知能力の特性を把握した上でのより生きやすい対処方法の考案や獲得につながるでしょう。そのような視点から，WAIS-Ⅳの結果を受検者と「共に考える」姿勢が，支援者には求められるのではないかと思います。

〈滝吉美知香〉

もっとくわしく知るために

・E・O・リヒテンバーガー，A・S・カウフマン著／上野一彦訳（2022）『エッセンシャルズ WAIS-Ⅳ による心理アセスメント』日本文化科学社

知能・認知

発達

能力・適応

ことば

読み書き・視知覚

社会的・対人的

注意・集中

感覚・運動

KABC-Ⅱ

日本版 KABC-Ⅱ個別式心理教育アセスメントバッテリー

著　　　者：Kaufman, A. S. & Kaufman, N. L.（日本版制作：日本版 KABC 制作委員会　藤田和弘，石隈利紀，青山真二，服部環，熊谷恵子，小野純平）

発　　　行：丸善出版，2013 年

キーワード：認知処理過程，習得度，継次処理，同時処理

一言紹介：「継次」「同時」「計画」「学習」から成る認知処理過程と「語彙」「読み」「書き」「算数」から成る習得度の側面から認知能力と基礎学力を評価する。

➡ なに

　日本版 KABC-Ⅱ（以下，「KABC-Ⅱ」）は 2 歳 6 か月から 18 歳 11 か月までの子どもの認知能力と基礎学力の二つの側面を測定することができる個別式知能検査です。認知処理過程と習得度それぞれの強い能力と弱い能力を特定することができ，主に教育現場において子どもの認知能力の長所を活用し学習意欲を高めるような指導方法に生かすことができます。

　認知処理過程はルリア理論という神経心理学の理論に基づき，「継次尺度」「同時尺度」「計画尺度」「学習尺度」の四つの尺度で構成されています。「継次尺度」とは情報を一つひとつ，時系列に沿って処理する能力，「同時尺度」は同時に入ってきた複数の情報を処理する能力，「計画尺度」は問題を解決するために行動を計画したり課題遂行のフィードバックをしたりする能力，「学習尺度」は新たな情報を学習し記憶する能力です。4 尺度を総合して認知総合尺度があり，認知総合尺度は総合的な認知能力を評価します。

　習得度は「語彙尺度」「読み尺度」「書き尺度」「算数尺度」の四つの尺度で構成され，基礎学力を測定します。検査項目は文部科学省の学習指導要領に基づいて決定されています。「語彙尺度」は語彙の量や意味理解など

の習得度，「読み尺度」は言葉の読みや文章の理解についての習得度，「書き尺度」は言葉の書きや文の構成ついての習得度，「算数尺度」は計算や数的推論についての習得度です。4 尺度を総合したものとして習得総合尺度があり，習得度の水準を示します。

　上述した認知尺度と習得尺度の八つの能力を測定する枠組みはカウフマンモデルと呼ばれ基本的な解釈の枠組みとなっていますが，KABC-Ⅱではキャッテル－ホーン－キャロル理論（CHC 理論）を基盤とした CHC モデルによる解釈も可能です。二つの理論基盤に基づき検査結果を異なった観点から総合的に解釈することができます。

　CHC モデルでは「長期記憶と検索」「短期記憶」「視覚処理」「流動性推理」「結晶性能力」「量的知識」「読み書き」の七つの尺度からそれぞれの能力を測定することができ，カウフマンモデルでの尺度とも対応しています（表 1）。7 尺度を総合して CHC 総合尺度があり，カウフマンモデルでの習得度を含めた知的能力を総合的に示したものになります。

表 1　カウフマンモデルと CHC モデルでの対応した尺度

カウフマンモデル	CHC モデル
継次	短期記憶
同時	視覚処理
計画	流動性推理
学習	長期記憶と検索
語彙	結晶性能力
算数	量的知識
読み　および　書き	読み書き

→ どうやって

　子どもと対面して個別で行われる検査です。それぞれの尺度には下位検査が用意されていて，年齢により実施する検査数が決まっています。そのため，実施時間は年齢などによって異なり，約 30 分から 120 分程度です。すべての下位検査を一度に実施できない場合には，認知検査と習得検査を分けて実施することもあります。下位検査から得られた得点は評価点（平均 10，標準偏差 3）に変換されます。それをもとに，認知総合尺度と習得度総合尺度（平均 100，標準偏差 15）が計算されます。CHC モデルに基づく分析を行った場合も評価点（平均 10，標準偏差 3）から CHC 総合尺度（平均 100，標準偏差 15）が計算されます。

　KABC-Ⅱ は検査結果の数値から得られる情報に加えて，意欲や情緒，注意集中など子どもの様子を把握することにも重きを置いています。検査用紙にも行動観察に関するページが設けられていて，量的な情報と質的な情報の両方から総合的に子どもの様子を把握します。

→ どうする

　KABC-Ⅱ を用いることで，検査結果の尺度間の比較や尺度ごとの下位検査のばらつきから，認知能力や学業スキル間の強い能力と弱い能力とを明らかにして指導につなげていくことができます。強い能力はその子どもの得意な認知能力や学業スキルであると考えられ，指導の方針を立てるときには強い能力を十分に生かせるような，長所活用型指導を基本に据えます。

　認知総合尺度と習得総合尺度の比較からは，認知能力を十分に生かして基礎学力に関連す

る知識・技能を獲得しているかが解釈できます。たとえば，認知総合尺度のほうが高く，習得総合尺度との間に差が見られる場合には，認知能力を十分に生かすことができていない可能性が考えられます。

　認知尺度間の比較では，認知能力の強弱を明らかにすることができます。まずは継次尺度と同時尺度の間に有意な差があるかを見ることで，子どもの得意な情報処理の方法を把握します。継次処理の能力が高い場合には，時系列に沿ってスモールステップで段階的に情報を提示するような教え方が効果的であり，同時処理の能力が高い場合には，教えることの内容の全体像がわかるような説明や物事の関連性を意識できるような教え方が効果的であると考えることができます。

　習得度尺度間の比較からは，語彙，読み，書き，算数の学業スキルにおける強い能力と弱い能力を知ることができます。言語の理解はできているものの文字を書くことには弱さが見られるなど，学業スキル間のアンバランスを把握し指導に生かすことが求められます。

　また，認知尺度と習得度尺度ともに尺度間の比較に加えて，尺度ごとの下位検査間で有意な差が見られるかどうかも慎重に解釈する必要があります。下位検査間で有意な差が見られる場合には，尺度間の比較だけでなく下位検査のアンバランスにも着目して解釈することで，より子どものニーズに応じた指導につなげていくことができるでしょう。

〈豊永　麻美〉

もっとくわしく知るために

・小野純平，小林玄，原伸生，東原文子，星井純子編（2017）『日本版 KABC-Ⅱ による解釈の進め方と実践事例』丸善出版

発　達

能力・適応

ことば

読み書き・視知覚

社会的・対人的

注意・集中

感覚・運動

DN-CAS 認知評価システム（ディーエヌ・キャス）

Das-Naglieri Cognitive Assessment System

著　　　者：Naglieri, J. A., Das, J. P.（日本版作成：前川久男，中山健，岡崎慎治）
発　　　行：日本文化科学社，2007 年
キーワード：PASS 理論，PASS 標準得点，実行機能
一言紹介：5 〜 17 歳の子どもを対象として，「プランニング（P）」「注意（A）」「同時処理（S）」「継次処理（S）」の四つの認知機能（PASS）の側面から認知機能を評価する。

➜ な　に

　DN-CAS は，5 〜 17 歳の子どもを対象に，認知機能を測定する検査です。この検査では，個人の認知機能を「プランニング（Planning）」「注意（Attention）」「同時処理（Simultaneous）」「継次処理（Successive）」の四つの側面（頭文字を取って「PASS」といいます）についてのPASS 標準得点，および全検査標準得点を得ることができます。

　これら四つの側面は PASS 理論に基づいています。

　「プランニング」は，問題に対する解決方法を選択，適用，評価する力について測定しています。したがって，活動のプランを立て，どのように実行すればよいのかということを考え，実行後，そのやり方について効果的かどうかを評価し，それに基づいてプランを適宜変更していく力が重要になります。

　「注意」では，注意を持続させる（焦点化させる）力と必要な場所に注意を向ける力に焦点を当てています。前者は，中断することなく，継続して一つの情報や課題に注意を向ける力で，時間経過に伴う子どもの課題遂行の変化を問題としています。後者は，ある状況下において，子どもがどのように反応するのかを問題としています。特に，間違っているものの，ついやってしまいがちな行動を抑える力を測っています。このような行動を抑えるためには，不必要な情報に惑わされず，必要な情報に適切に注意を向ける必要があります。

　「同時処理」と「継次処理」は，いずれも提示された複数の情報をどのように認識し，記憶し，必要に応じてその情報を使うのかという力に関連します。これらのうち，同時処理では，提示された情報を全体として統合する，もしくは個々の要素を一つのまとまりとして認識する力を測定します。一方，継次処理は，提示された情報を一連の順序にまとめる力を測定します。これら二つの違いとして，次があげられます。

　同時処理では，認識・記憶された複数の情報は，互いに互いが関連している状態であり，関連の仕方として，空間的な関連や論理・文法的な関連の両方が含まれます。空間的な関連では，主に視覚的な情報をまとめ上げることが必要とされ，論理・文法的な関連では，主に単語の相互関係，助詞，助動詞，接続語などを理解することにより，個々の単語をまとめて意味を理解することが必要とされます。

　継次処理では，情報は一連の順序でまとめられているため，一つの情報はその順序性に従って直前と直後の情報とのみに関係します。このような処理は，統語（語が文を構成する仕組み）や物語の理解に必要とされる力である

といえます。

→ どうやって

子どもと検査者の一対一で検査を行います。DN-CAS による全検査標準得点，および各 PASS 標準得点を得るためには，標準実施と簡易実施という 2 とおりの実施方法があります。標準実施では，四つの PASS 尺度について各三つ，計 12 の下位検査を実施します。簡易実施では各二つ，計八つの下位検査を実施します。所要時間は，標準実施で約 1 時間半から 2 時間程度，簡易実施では約 1 時間から 1 時間半程度です。

対象年齢は 5 〜 17 歳ですが，5 〜 7 歳と 8 歳以上で取り組む問題が少し異なります。

下位検査で得られた成績は，正答数と遂行にかかった時間から比率得点化され，子どもの年齢に応じた評価得点（平均 10，標準偏差 3）へと変換され，それをもとに各 PASS 標準得点（平均 100，標準偏差 15）を算出します。さらに，四つの PASS 得点の評価点を合計し，全検査標準得点（平均 100，標準偏差 15）を算出します。

→ どうする

PASS 標準得点から，同一年齢集団と比較した際の処理能力の程度，個人内の相対的な強い面と弱い面を知ることができます。

ⅰ. 同一年齢集団との比較

全検査標準得点からその子どもの全般的な認知処理能力の程度を知ることができます。全検査標準得点は，本書で紹介されている別の認知検査である WISC-Ⅴ や KABC-Ⅱ の各得点と高い相関を示しており，全般的な知的水準として信頼性の高い得点であり，その

表 1　全検査標準得点，PASS 標準得点の分類カテゴリー

標準得点	分類	理論上の割合
130 以上	非常に優れている	2.2%
120-129	優れている	6.7%
110-119	平均の上	16.1%
90-109	平均	50%
80-89	平均の下	16.1%
70-79	平均より低い	6.7%
69 以下	非常に低い	2.2%

子どもの学力全体を予測することにすぐれていると考えられます。また，各 PASS 標準得点は学力の特定領域に関連していると考えられます。同一年齢集団内のどこにその子どもが位置するのかという点については，表 1 のように表されます。

ⅱ. 個人内の相対的な強い面・弱い面

DN-CAS では，各 PASS 標準得点間の差異による個人内の認知処理の偏りを知ることができます。たとえば同時処理と継次処理の標準得点の差が意味のある差であるかどうかを調べることにより，その子どもが得意な情報処理の仕方などについて有益な情報を得ることができます。さらに，4 標準得点の平均値から各 PASS 標準得点の差を算出することにより，個人内の相対的な強い面・弱い面を知ることができます。

〈横田　晋務〉

もっとくわしく知るために

・J・A・ナグリエリ，E・B・ピカリング著／前川久男，中山健，岡崎慎治訳（2010）『DN-CAS による子どもの学習支援―PASS 理論を指導に活かす 49 のアイデア―』日本文化科学社

知能・認知

発　達

能力・適応

ことば

読み書き・視知覚

社会的・対人的

注意・集中

感覚・運動

新版 K式発達検査 2020

Kyoto Scale of Psychological Development 2020

著　　　者：京都市児童院（現　京都市児童福祉センター）
発　　　行：京都国際社会福祉センター，2021年
キーワード：乳幼児，発達年齢，発達指数，対面式，個別式
一言紹介：「姿勢・運動」「認知・適応」「言語・社会」の三つの領域から発達年齢（DA）と発達指数（DQ）を算出し，発達水準をとらえる。

→ なに

新版K式発達検査2020（以下，「K式発達検査」）は，保育や教育，発達支援などの現場において広く使用されている検査です。0歳0か月から成人までを対象に，検査者と対象児・者とが対面して行います。検査者と対象児・者との自然なかかわりの中での相互作用を大切にしていて，検査者から与えられる課題に対象児・者がどのように反応するのかを観察することができます。また，乳幼児を対象としている場合には一緒に遊ぶようなかかわりを通して，対象児の力を引き出し，より的確に発達全体をとらえることが可能となります。

検査は設定された六つの年代の領域ごとに，その年代のおよそ50%が通過する課題で構成されています。6歳半までの年代の検査項目数の割合が多く，就学前までの年代の発達をより精緻にとらえることができます。

検査項目は「姿勢・運動（Postural-Motor Area; P-M）」「認知・適応（Cognitive-Adaptive Area; C-A）」「言語・社会（Language-Social Area; L-S）」の三つの領域に分けられています。

「姿勢・運動」領域は0歳0か月から3歳6か月までを対象に検査を行います。身体機能や運動能力の発達を見ていく項目です。

「認知・適応」領域は物を操作する能力，平面的・空間的な形や図形の理解，物を部分と全体で把握する能力など，視覚的に得た情報から物事を理解し，操作する能力を評価します。

「言語・社会」領域は言語や概念（抽象的な概念や数の概念など）についての能力，また，人とのかかわりに必要な相互的なコミュニケーションの能力を評価します。

それぞれの検査項目に対して，判定基準が満たされた反応があり，通過したかどうかで評価します。そして，三つの領域のそれぞれの発達年齢（Developmental Age; DA）と，発達指数（Developmental Quotient; DQ），および全領域の発達年齢と発達指数が算出されます。

発達年齢とは，発達の水準が何歳くらいに相当するのかを表します。発達指数とは，実年齢と発達年齢が同じ場合を100として，どのくらい離れているのかを数値化して表したものです。

三つの領域において通過した項目を線でつなぐことで，プロフィールと呼ばれる通過と不通過の境界線を示すことができます。検査者はこのプロフィールを把握することで，発達の全体像を把握することができ，対象児・者の各領域における得意さや苦手さを理解することにつながります。

→ どうやって

検査はおおむね 40 分から 1 時間程度で行われます。K式発達検査は乳児期を除いて検査を実施する順序は決まっていません。実施手引書に記載されている施行方法を守ることを前提としていますが，対象児・者の状況に合わせて適宜検査の順序を変更するなど，臨機応変に対応することが必要となります。

検査場面では，対象児・者が十分に力を発揮できるような配慮が求められます。対象児・者が過度に緊張したり，不安をもったりすることがないように，信頼関係を形成したり注意が持続するようなかかわりを行ったりします。対象が乳幼児の場合，上記の配慮は遊びを通して満たされるといえます。検査者は，遊びを通した子どもとのやりとりの経験を蓄積することや，子どもの発達の知識を得ることが重要です。

→ どうする

ここからは検査の実施対象を乳幼児の場合と仮定し，検査結果をどのように生かすとよいのかを述べていきます。

K式発達検査は構造化された観察場面の中で，「姿勢・運動」「認知・適応」「言語・社会」の三つの領域における発達の状況を知ることができ，対象児・者の反応から，それぞれの領域での苦手さや得意さを知ることができます。対象児が発達上でどのような課題をもっているのか，またそれだけではなく，どのような強みをもっているのかを日常のかかわりや支援のアセスメントに生かすことができるでしょう。

また，K式発達検査の場合，検査結果をフィードバックする対象は，対象児の養育者であることが多いと思われます。発達年齢や発達指数の結果だけでなく，検査から得られた発達の状態を，実際の日常での様子も想定しながらわかりやすく伝えることで，対象児に対するより深い相互理解が得られるかもしれません。

例として，対象児が保育所など集団の場面で活動への参加が難しいという困りごとがあるとします。全領域の発達年齢・発達指数は平均的ですが，「言語・社会」領域の発達指数が低い場合，言語の理解や人とのかかわりに必要な相互的なコミュニケーションの能力に苦手さがあると推測されます。また，「認知・適応」領域での反応から，視覚的に得た情報から理解をする能力に強みがあるとわかった場合，次に行うことを全体的な言語での声かけだけでなく，個別に実物や絵カードなどで視覚的に伝えるなどの具体的な支援につなげることができるでしょう。

それぞれの領域での対象児の反応と，全体としての発達の状態のバランスを丁寧に観察することがK式発達検査では可能であり，それを生かしたアセスメントから，子どもがよりくらしやすい環境を検討することが望まれます。

〈豊永　麻美〉

もっとくわしく知るために

・大島剛他著（2013）『発達相談と新版K式発達検査―子ども・家族支援に役立つ知恵と工夫―』明石書店

遠城寺式発達検査

遠城寺式・乳幼児分析的発達検査法（九州大学小児科改訂新装版）

著　　者：遠城寺宗徳
発　　行：慶應義塾大学出版会，2009 年
キーワード：乳幼児，個別式，発達グラフ
一言紹介：「運動＜移動運動，手の運動＞」，「社会性＜基本的習慣，対人関係＞」，「言語＜発語，言語理解＞」
　　　　　の領域から乳幼児の発達状態を把握する個別の検査。

➡ な　に

遠城寺式・乳幼児分析的発達検査法（九州大学小児科改訂新装版）（以下，「遠城寺式発達検査」）は，0歳から4歳7か月までの乳幼児を対象に，「運動」「社会性」「言語」の三つの領域における発達の状態を把握する検査法です。

基本的には検査道具を用いて対象児に課題を提示し，対象児の課題に対する反応や遂行能力を観察して発達状態をとらえる個別式の検査ですが，養育者への聞き取りを併用して行われることが多い検査法です。

検査項目は，同じく個別式であるK式発達検査より簡易であり，項目数も少ないため，明らかに発達に遅れが疑われる場合，あるいは対象児に対して検査を行うことが難しく，短時間で発達状態を把握する必要がある場合に多く用いられます。

遠城寺式発達検査では，大きく三つの発達領域に分類し，各領域をさらに二つの側面に分け，計六つの下位領域における乳幼児の発達状態をとらえます。各下位領域における検査項目は 26 項目ずつで構成されています。

「運動」：身体発達を見る〈移動運動〉と，物への探索行動や操作能力を見る〈手の運動〉の側面における発達について評価します。遠城寺式発達検査は本来，脳性麻痺や知的障害を早期発見することを目的としてつくられました。脳性麻痺や知的障害が疑われる初期発達における特徴は，主に運動発達に関連することが多いため，本検査法では運動能力を詳細に評価できるようにつくられました。

「社会性」：身辺自立に関する〈生活習慣〉と，人との関係に関する〈対人関係〉に関する能力を評価します。

「言語」：〈発語〉と〈言語理解〉の二つの側面からの言語発達をとらえます。〈発語〉は言葉の出現や言葉の記憶に関する能力を把握するものであり，〈言語理解〉は状況に適した言葉の理解や概念獲得の有無を評価します。

検査結果は，発達グラフ（図1参照）という形で示されます。実年齢（暦年齢）の横に各領域における発達年齢の結果を示すことで，実年齢に比べて各領域の発達水準がどの程度同等であるか，あるいはどの程度離れているのかが一見してわかります。実年齢の横に直線上のグラフが描かれると，発達のバランスが取れていることを意味し，グラフが下がっていると，発達に遅れがあることを意味します。また，激しく上下に動いていると，発達状態のアンバランスさがあると考えることができます。

→ どうやって

　検査の実施は，実年齢相当の項目から，対象児に課題を提示したり，養育者に対象児の日常の様子について聞き取りを行ったりします。明らかな発達の遅れが疑われる場合には，可能な項目から実施します。各項目の行動ができるか否かについて，合格（○），不合格（×）を評定します。約20分程度の時間がかかります。

→ どうする

　遠城寺式発達検査を通して算出される発達グラフは，対象児の発達状態像を把握しやすいため，遅れが認められる領域を中心に支援計画を立てるのに役に立ちます。

　例として，図1にTくん（実年齢2歳3か月，男児）の発達プロフィールを示しました。実年齢より，各領域の発達が大きく下回っていることがわか

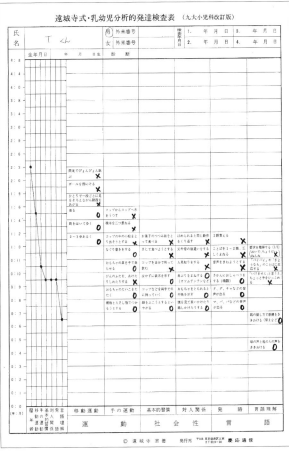

図1　Tくんの発達プロフィール（著作権保護のため，一部を空白にしている）

ります。特に言語理解の領域が著しく遅れています。全般的な発達の遅れや，言語能力における顕著な遅れは，知的障害がある場合に多く見られます。

　図1のように，遠城寺式発達検査では，1枚のシートに検査対象年齢の上限である4歳7か月（シートには4歳8か月と記されています）までの合格すべき項目が掲載されているため，次の段階の発達課題を見つける際に参考にできます。Tくんの場合，まずは言語理解領域における発達を促す支援計画を立てることが必要でしょう。特に不合格であった，養育者の指示を理解することが支援目標として立てられます。実年齢が2歳3か月であっても，

言語理解の発達水準は1歳未満ですから，その発達水準に合わせたかかわり方を考えることが求められます。たとえば，「いけません」という指示の理解を促すために，望ましくない行動をしたそのときにすぐ指示を出す，指示を出す際にはTくんの注意が養育者に向けられていることを確認し，表情に変化をつけて言う，などのかかわりが考えられます。このようなかかわりを通して，普段の状況と「いけない」行動をしたときの状況が異なることをTくんにわかりやすく，具体的に示していくことが有効でしょう。

〈李　　熙馥〉

J-ASQ-3

Japanese version of Ages & Stages Questionnaires, Third Edition

著　　　者：Squires, J., Twombly, E., Bricker, D. & Potter, L.（日本版作成：橋本圭司，青木瑛佳，目澤秀俊，中山祥嗣監修）
発　　　行：医学書院，2021 年
キーワード：コミュニケーション，運動機能，問題解決，社会性
一言紹介：乳幼児を対象とした発達の遅れをスクリーニングする質問紙。回答は養育者が行い，専門家によるより詳細な評価が必要であるかを判断する。

➡ なに

　5 か月〜5 歳 6 か月の乳幼児を対象とした発達状況をとらえるための質問紙です。Squires らによって作成された発達評価ツールをもとに日本での基準値が設定されたものです。J-ASQ-3 は発達の遅れを評価するためにつくられたものであり，乳幼児健康診査を行う保健センター，療育機関，児童相談所といった専門機関にとどまらず，保育所や幼稚園でも使用することができます。

　J-ASQ-3 は，子どもの発達を①コミュニケーション，②粗大運動，③微細運動，④問題解決，⑤個人・社会，という五つの領域からとらえています。①は，言語の発達だけではなく，ジェスチャー，指差しの理解といった非言語的なコミュニケーションも含んだ領域です。②は，歩く，走る，ジャンプするといった身体全体を使う運動機能，③は，主として手先の細かい運動機能を示します。④は，状況の理解，推論，行動の予測などの能力です。⑤は，生活基本動作や社会生活を営むために必要な能力を示しています。

　これらの各領域について，年齢ごとに異なった質問に回答していきます。日本語版では，月齢で 6，12，18，24，30，36，42，48，54，60 と，6 か月ごとに異なった 10 種類の質問紙となっています（原版では 21 種類）。一つの

質問紙は，領域ごとに六つの質問があり，合計 30 項目に対して，「はい」「時々」「いいえ」で行動の出現状況を回答します。

　また，質問項目以外にも，聴覚や視覚の状態，他の子どもと比較して行動で気になるところはあるのかといったことを自由記述で回答します。自由記述の内容は，使用する月齢の質問紙によって異なっており，その月齢において明確になってくる課題に関連することや，その課題の原因となることについて記述します。このことによって，子どもの課題となっていることを多面的に検討することができます。J-ASQ-3 は，特定の障害をスクリーニングしたり，診断したりするものではなく，発達の状態をアセスメントするためのものです。

　質問紙の各項目に記入されると，そこから各領域の合計点が求められます。各領域には，カットオフ値（定量的検査について，検査の陽性／陰性を分ける値）が設定されています。カットオフ値によって臨床レベルを推定することができます。たとえば，カットオフ値以上であれば，その領域は順調に発達しているといえます。カットオフ値よりも低いが低すぎないレベル（モニタリングゾーン）は，観察を要することを示します。そして，明らかにカットオフ値より低い場合は，より詳細なアセスメントが必要なレベルとして考えます。

どうやって

子どもと一緒にいることが多い養育者や保育所等の職員が記入します。質問紙への記入はおよそ 10～15 分ほどでできます。回答用紙に書かれた質問にチェックをしていき，自由記述部分については文章を記入していきます。

どうする

子どもの発達に関して，多様な領域を網羅しており，比較的簡便に実施することができることから，先述のとおり，専門機関だけではなく，子どもが日常的に通っている施設でも使用することができます。

G くんは 1 歳 9 か月の男の子です。乳児期は泣くことも少なく，手がかからない印象がありました。1 歳 6 か月児健康診査のときは，まだ言葉をしゃべっていませんでした。また，視線が合うことも少なく，大人の言葉を理解しているのか，していないのか判断できないことが多くありました。

養育者が回答した G くんのプロフィールは，①コミュニケーションが 0 点，②粗大運動が 60 点，③微細運動が 50 点，④問題解決が 25 点，⑤個人・社会が 30 点，でした。カットオフ値以下になったのは①と④，カットオフ値に近かった（モニタリングゾーン）のが⑤でした。自由記述部分には，聴覚や視覚，運動機能に問題はないことが書かれていた一方，同じ年齢の子どもと比べて言葉を発していないこと，あまり他者のことを気にしていないように見えることが気になることとして書いてありました。養育者は，発達に心配はあるものの，身体を使った遊びをすると喜んでいるところが子どものよいところであると考え

ているようでした。

結果としては，より詳細な検査が必要なレベルであることがわかりました。回答内容や養育者から聞き取った内容を総合的に検討していくと，第一に，視線を合わせることの少なさや他者の模倣が少ないということから，他者とのかかわりについての課題が大きいことが考えられました。第二に，言葉の発達がゆっくりであり，言葉の表出だけではなく，理解もゆっくりであり，コミュニケーションの課題が大きいことが考えられました。このような課題がある一方で，運動機能や生活基本動作についてはできることが多いことがわかりました。

J-ASQ-3 では，ASD や ADHD といったいわゆる発達障害，脳性まひ，構音障害，聴覚障害，視覚障害など，質問への回答傾向から考えられる障害が想定されています。G くんの例は ASD の特性に似ていますが，J-ASQ-3 は診断ツールではないため，この結果によって診断をすることはできません。

J-ASQ-3 は，子どもの発達の状態像を多面的にとらえて，想定される課題・障害を明らかにして，子どもにとって適切な専門機関につなぐことが目的とされています。したがって，結果が出たときには，発達に関する専門職が養育者と面談を行い，丁寧な説明をする必要があります。その際には，子どもの発達にとってよい方向を探っていくために J-ASQ-3 の結果を使用すべきであり，課題ばかりを伝えるのではなく，子どものできること，よい点を併せて，総合的に伝えていくことが重要です。

〈廣澤　満之〉

太田ステージ評価

著　　　者：太田昌孝，永井洋子，武藤直子編
発　　　行：日本文化科学社，2015 年
キーワード：自閉スペクトラム症（ASD），シンボル，表象機，言語解読能力テスト改訂版（LDT-R），認知発達治療
一言紹介：およそ 10 歳までの精神年齢の子どもを対象とした，ASD の認知特性をふまえた表象機能の発達段階評価法で，六つの各発達段階に応じた「認知発達治療」が開発されている。

➜ なに

太田ステージ評価とは，自閉スペクトラム症（ASD）の特異的な認知構造の特徴をふまえて開発された，シンボル表象機能の発達段階評価法です。太田ステージ評価の発達段階に応じた治療教育は，「認知発達治療」と呼ばれ，教育・福祉現場での活用が広がっています。近年では，ASD を伴わない重度の知的障害がある子どもたちへの有用性も示されています。

太田ステージ評価と「認知発達治療」について解説された「自閉症治療の到達点」（1992年出版）が 2015 年に改訂され，認知発達に焦点を当てた基本的な考え方に近年の ASD についての研究や支援の方向性などを反映した内容となりました。本稿では，主に太田ステージ評価について概説します。

太田ステージ評価では，ピアジェなどの発達理論を参考にしつつ，認知発達理論における発達の節目に着目して，以下の六つの発達段階が設定されています。

Stage I 「シンボル機能が認められない段階」：物に名前があることがわかっていない。

Stage II 「シンボル機能の芽生えの段階」：物の名前がわかりかけているが，物の理解は一義的。

Stage III-1 「シンボル機能がはっきりと認められる段階」：物の名前を理解できるようになり，本来の言語の機能を獲得する。

Stage III-2 「概念形成の芽生えの段階」：ごく基本的な比較の概念ができはじめた段階。

Stage IV 「基本的な関係の概念が形成された段階」：思考が直観によって左右され，背後にある考え方や普遍性に裏打ちされていない。

Stage V 以上（ピアジェによる具体的操作期以降の段階）：直観的思考から抜け出し，具体的な状況なら一貫性のある論理的思考ができる。

対人関係での困難さや行動の偏りのほか，発達の不均衡さや特有の認知パターンをもつ ASD のある子どもに対して，太田ステージ評価を用いる意義と有用性については，以下にまとめられます。①的確な認知発達の評価：ASD のある子どもの認知構造に合った療育や教育の方針，個別の治療教育のプログラムを立てることができる，② ASD のある人たちの心や行動を理解するのに役立つ：たとえば，パニックを起こす理由や手段やルーティンにこだわる理由について，認知発達的な側面から行動の意味を知ることができる，③評価法が簡便で客観性・再編成が高い：少しのトレーニングを受ければ誰でも施行でき評価することができる，④治療・教育・研究などの諸側面における意義：治療・教育の内容やその適切性について共通の基盤に立って検討できる。

太田ステージは，言語解読能力テスト改訂版（Language Decoding Test-Revised; LDT-R）を用いて，言語の理解の程度によって評価をします。10歳くらいまでの精神年齢の子どもに適応でき，ASDやその他の発達障害のある子ども，成人だけでなく，定型発達児にも使用することが可能です。

➡ どうやって

評価は個別で行い，LDT-Rという太田ステージ評価用具を用います。用具は，碁石，積み木，ボタン，はさみ，犬の玩具，検査カード2枚と少なく，5分程度で言語の理解力のめやすを得ることができます。以下の六つの下位検査より，シンボル機能の発達段階をStage Ⅰ～Ⅴに分類します。どの課題も言語表出を要求せず，指差しあるいは動作で応答できるものとなっています。

LDT-R1：名称による物の指示
LDT-R2：用途による物の指示
LDT-R3：三つのまるの比較
LDT-R4：空間関係
LDT-R5：保存の概念
LDT-R6：包含の概念

太田ステージ評価に下位群を設け，それらの判断基準が明示されています。たとえば，StageⅠでは，3段階の下位段階があり，StageⅠ-1：人への要求手段がない，StageⅠ-2：クレーン現象または関連するものを差し出す，StageⅠ-3：クレーン現象以外に指差し・身振り・言葉のどれか，というように，人への要求手段によって分けられています。

➡ どうする

太田ステージ評価の結果は，「認知発達治療」による治療教育のプログラムにつなげることができます。「認知発達治療」は，ASDの認知構造の特徴に焦点を合わせて働きかけ，認知・情緒の発達を促し，表象機能を豊かにすることをねらいとしています。治療方針を，「第一次元：認知・情緒の発達を促す」「第二次元：個々の適応行動の発達を促す」「第三次元：異常行動を予防し減弱を図る」の三つの次元に沿って検討していきます。

したがって，治療開始前には，認知発達・適応行動・異常行動についての評価が求められます。太田ステージ評価は，このうちの認知発達の評価にあたります。ただし，太田ステージ評価は，大まかな認知発達段階を短時間で把握するために開発されたツールですので，子ども個人内の認知の強みや弱みを知るのには適していません。そのため，標準的な発達検査や知能検査を併用して実施することが推奨されます。

太田ステージ別の「認知発達治療」については，複数の書籍でくわしく解説されていますので，実践する際には参考にしてください。

〈水戸　陽子〉

もっとくわしく知るために

・永井洋子，太田昌孝編（2011）『太田ステージによる自閉症療育の宝石箱』日本文化科学社
・立松英子編著，齋藤厚子著（2021）『子どもの心の世界がみえる太田ステージを通した発達支援の展開』学苑社

知能・認知

発達

能力・適応

ことば

読み書き・視知覚

社会的・対人的

注意・集中

感覚・運動

Vineland-Ⅱ適応行動尺度 （ヴァインランド・ツー）

Vineland Adaptive Behavior Scale, Second Edition

著　　者：Sparow, S. S., Cicchetti, D. V. & Balla, D. A. （日本版監修：辻井正次，村上隆）
発　　行：日本文化科学社，2014 年
キーワード：適応行動，不適応行動，半構造化面接法
一言紹介：「コミュニケーション」「日常生活スキル」「社会性」「運動スキル」「不適応行動」の五つの領域から
　　　　　子どもの行動の発達水準をとらえる。

➜ な に

日本版 Vineland-Ⅱ適応行動尺度は，0歳
0か月～92歳11か月までを対象とした，適
応行動全般をとらえる尺度です。

四つの適応行動領域と一つの不適応行動領
域から構成され，評価対象者の様子をよく知
っている回答者（養育者など）に対して半構
造化面接（質問者が決められた質問項目を順番に
聞いていくのではなく，全体的な会話からしだい
に詳細条項へと移行するよう，自然な会話の中か
ら各質問項目を聞いていく方法。質問項目は必ず
しも順番どおりでなくともよい）を行います。

発達障害や知的障害，精神障害など，さま
ざまな障害のある人の日常生活上の困難さを
把握できることから，主に診断や指導／支援
などの教育的措置，支援計画の作成および支
援経過評価に利用することができます。

Vineland-Ⅱは米国で開発され，適応行動
を評価する検査法として，国際的に広く用い
られているものの一つです。適応行動を「個
人的・社会的充足を満たすのに必要な日常生
活における行動」と定義し，全般的な行動面
の状態を評価します。ASD などの発達障害
のアセスメントの一環として，診断にかかわ
る検査（ADOS-2 や ADI-R など）や知能検査
（WISC-V など）などと併せて用いられます。

日本版は、我が国の生活習慣の相違などを
考慮した修正を施され，1300 人以上のデー
タをもとに標準化されています。

その構成は，適応行動に関する4領域（「コ
ミュニケーション」「日常生活スキル」「社会性」
「運動スキル」）と，不適応行動に関する1領
域（「不適応行動」）の五つの領域から成り，
各領域には2～3の下位領域が含まれていま
す（表1）。なお，「運動スキル」領域のみ対
象が0歳～6歳または50歳～92歳となって
おり，また不適応行動領域は任意（オプショ
ナル）での実施となっています。

適応行動領域では，四つの「領域標準得
点」と，それらを総合した「適応行動総合
点」（平均100，標準偏差15の標準得点），およ
び各下位領域の「v 評価点」（平均15，標準偏

表 1　日本版 Vineland-Ⅱ適応行動尺度の構成

行動	領域	下位領域
適応行動	コミュニケーション	受容言語 表出言語 読み書き
	日常生活スキル	身辺自立 家事 地域生活
	社会性	対人関係 遊びと余暇 コーピングスキル
	運動スキル	粗大運動 微細運動
不適応行動	不適応行動	内在化問題 外在化問題 その他 重要事項

差3の標準得点）が得られます。

不適応行動領域について，「不適応行動指標」は対象者の適応行動を妨げるおそれのある行動として「内在化」「外在化」「その他」から構成され，評価は「不適応行動指標」および「内在化」「外在化」の「v評価点」（平均15，標準偏差3の標準得点）が得られます。強度の不適応行動の評価領域である「不適応行動重要事項」は，各質問項目の頻度と強度を評価するのみとなっています。

Vineland-Ⅱの大きな特徴の一つは，検査者が回答者と対面し，自然な会話を通して情報収集する半構造化面接法を用いることです。回答者はより自由に答えられる特性を有するため，回答の綿密さが向上することが多く，評定（記入式）尺度よりも多くの情報が導かれる利点があります。

どうやって

評価対象者の日常をよく知っている成人に対する面接によって行われます。養育者や家族が回答者になるケースが多いものの，評価対象者が養育者や家族と同居していない場合は，施設職員やその他の主な支援者が回答することもあります。

面接は半構造化面接法により行われます。面接の所要時間のめやすは20〜60分とされますが，評価対象者や回答者の状態によって長くなることもあります。なお，不適応行動領域の実施はオプションであり，事前に回答者の許可を得ることが求められます。

実施する質問項目は，評価対象者の年齢ごとに，開始項目および上限・下限項目が決め

られており，質問項目の行動が「通常／習慣的にみられる（2点）」「時々／部分的にみられる（1点）」「めったに／全くみられない（0点）」の3段階で評価し，各領域の標準得点および適応行動総合点を算出します。

どうする

適応行動総合点から適応行動全般の発達水準が示されるほか，5領域および各下位領域から得られる標準得点から，各領域における「強みと弱み」といった個人内差を把握することが可能です。また，半構造化面接法を用いることから，検査の結果からだけでなく，実際の指導や支援を行う際に有益となるさまざまな情報を得ることが可能です。

本検査法の活用については，たとえば，学校教育場面における個別の指導計画や個別の教育支援計画の立案などへの活用が期待されます。発達障害や知的障害など，行動面の課題と支援が必要な子どもたちの生活上の困難さを領域に分けて詳細に把握し，かつ，本人の「強みと弱み」を理解することで，本人の「できていること」を基盤とした実効性のある支援の方向性を描き出すことが可能になります。

また，結果は標準得点で示されていることから，WISC-Vなど一般的標準化検査の結果と対照することが容易であり，両者を組み合わせることで，行動面や認知面などを総合的に評価することができ，より包括的な支援に結びつけられることが期待されます。

〈鈴木　恵太〉

S-M 社会生活能力検査 第3版

著　　　者：上野一彦，名越斉子，旭出学園教育研究所編
発　　　行：日本文化科学社，2016 年
キーワード：身辺自立，移動，作業，コミュニケーション，集団参加，自己統制
一言紹介：1～13 歳の子どもの社会生活能力の発達を，6 領域 129 項目から成る質問に対する養育者等による回答からとらえ，社会生活年齢（SA）・社会生活指数（SQ）を算出する。

➡ なに

　Social-Maturity（社会成熟度）を，日常生活場面における社会生活能力を測定することによってとらえようとする検査です。ここでの社会生活能力とは，「自立と社会参加に必要な生活への適応能力」を意味し，普段どおりの生活の中で見られる子どもの言動が評価の対象となります。そのため，子どもの日常生活の状況をよく知っている大人（養育者や教職員など）が回答します。

　この検査の初版である S-M 社会生活能力検査（1959）は，アメリカの Vineland Social Maturity Scale（1935）を参考に日本で作成された尺度項目を用いて行われた調査結果をもとに開発されました。新版 S-M 社会生活能力検査（1980）への改訂を経て，現在第 3 版が刊行されています。日本の子どもの生活様式に適合した項目である点や，短時間で実施や解釈が可能な簡便さを特徴とした検査です。

➡ どうやって

　適用年齢は 1 歳から 13 歳までですが，社会生活能力に遅れがある場合には，生活年齢が 13 歳以上でも適用可能となっています。

　子どもの日常生活をよく知る養育者や教職員が直接記入，もしくは，面接担当者が質問しながら記入する形式を採ります。回答は，項目に記載されている事項について○か×で答えます。

　質問は，すべて日常生活の中で容易に観察ができ，かつ，それぞれの発達段階の社会生活能力を代表するような生活行動について問うものになっています。全部で 129 の項目があり，それらは以下のような七つの年齢発達段階に区分されています。

Ⅰ　　　6 か月～1 歳 11 か月
Ⅱ　　2 歳 0 か月～3 歳 5 か月
Ⅲ　　3 歳 6 か月～4 歳 11 か月
Ⅳ　　5 歳 0 か月～6 歳 5 か月
Ⅴ　　6 歳 6 か月～8 歳 5 か月
Ⅵ　　8 歳 6 か月～10 歳 5 か月
Ⅶ　　10 歳 6 か月以上

　さらに，各項目は，以下に示す六つの領域における社会生活能力として位置づけられています（カッコ内は年齢発達区分を示します）。

　1. 身辺自立：衣服の着脱，食事，排せつなどの身辺自立に関する能力【例：コップを持ってひとりで飲む（Ⅰ），爪が伸びたら自分で切ることができる（Ⅵ）など】

　2. 移動：自分の行きたいところへ移動するための能力【例：手をつながなくても歩道をひとりで歩ける（Ⅱ），知らないところでも交通機関を適当に利用してひとりで行ける（Ⅶ）など】

　3. 作業：道具の扱いなどの作業遂行に関

する能力【例：はさみで簡単な形を切り抜くことができる（Ⅲ），ナイフなどの刃物を注意して扱える（Ⅴ）など】

4. コミュニケーション：ことばや文字などによるコミュニケーション能力【例：先生から家への伝言をきちんと伝えられる（Ⅳ），新聞の記事や小説等を読んで理解できる（Ⅶ）など】

5. 集団参加：社会生活への参加の具合を示す能力【例：子どもの中にいるとひとりで機嫌よく遊ぶ（Ⅰ），係などの仕事を友達と協力して行う（Ⅳ）など】

6. 自己統制：わがままを抑え，自己の行動を責任をもって目的に方向づける能力【例：「あとで」「あした」「また」などと言われたとき，待つことができる（Ⅱ），時間に合わせて計画的に行動することができる（Ⅴ）など】

質問は，子どもが該当する年齢段階から始め（発達に遅れのある子どもの場合には必ずしもそうではありません），最初の項目から連続して8項目○がつく年齢段階から，8項目連続して×がつく年齢段階までの範囲を明らかにしていきます。

検査結果から，社会生活年齢（Social Age: SA）と社会生活指数（Social Intelligence Quotioent: SQ）を換算します。

まず，○のついた項目数を領域ごとに集計し，換算表を用いて領域別SAを算出します。それぞれの領域別SAを比較することによって，個人内の領域ごとの社会生活能力を理解することができます。また，全領域の項目を集計した値から，全検査SAを算出します。全検査SAは社会生活能力の全体的な発達水準を見るための指標であり，知能検査の精神年齢（MA）などと同様の尺度として解釈されます。

次に，SQ算出表を使用するか，もしくは，全検査SAを生活年齢で割り100を掛ける計算式で，SQを算出します。SQは，田中ビネー知能検査の知能指数（IQ）などと同様に，比例値として解釈されます。

🔁 どうする

発達に何らかの偏りがある子どもの場合，生活年齢や知的能力は，必ずしも社会生活能力の程度と一致しません。そのため，社会の中での生きづらさを周囲に理解してもらいにくいことがあります。たとえば，難しい計算問題を解くことは可能であっても，実際にお金を使って買い物をすることが難しい場合もありますし，反対に，自力で計算することが難しくても，電卓やプリペイドカードなどの利用方法を獲得し，生活に必要な買い物や金銭管理が可能になる場合もあるでしょう。また，社会生活能力の中でも一部の領域，たとえば集団参加や自己統制などの領域のみ顕著な低下を示すなど，能力がアンバランスな場合も，周囲からの理解が得られにくくなるでしょう。

いずれの場合も，検査結果を一つの客観的指標として提示することによって，周囲の理解の促進を図り，その子にとって必要な教育や支援の在り方について考えることが望まれます。社会生活能力は，学習の機会が与えられることによって獲得する部分が大きい，つまり，教育や支援によって伸びることが期待される能力でもあるため，適切な評価が重要です。

〈滝吉美知香〉

もっとくわしく知るために

・旭出学園教育研究所編（2015）『S-M社会生活能力検査の活用と事例—社会適応性の支援に活かすアセスメント—』日本文化科学社

SDQ

Strength and Difficulties Questionnaire

著　　　者：Goodman, R.（日本版作成：菅原ますみ 他）
発　　　行：SDQ ホームページ（https://www.sdqinfo.org//），2019 年
キーワード：行動，スクリーニング，強さ，困難さ
一 言 紹 介：子どもの行動スクリーニングで，「情緒の問題」「行為の問題」「多動／不注意」「仲間関係の問題」
　　　　　　「向社会的な行動」の 5 側面から発達の様子をとらえる。

❖ ❖

➔ な に

　2 歳〜17 歳までの子どもおよび 18 歳以上を対象とした行動スクリーニングです。「情緒の問題」「行為の問題」「多動／不注意」「仲間関係の問題」「向社会的な行動」の五つの下位尺度から特別な支援ニーズを把握します。この際，子どもが示す「困難さ」だけでなく「強み」も把握でき，行動面の長所と短所の両面から評価できる点が特徴の一つです。養育者版，教員版，本人版があり，質問項目は全 25 項目と短時間で回答できます。ASD や ADHD など発達障害の行動特徴との関連が見られることから，障害の状態像の把握にも利用できます。行動特性から指導／支援のための基礎資料として活用することができ，また指導／支援の効果評価にも活用可能です。

　SDQ は Goodman によって 1997 年に開発され，ヨーロッパを中心に広く用いられている行動スクリーニング質問紙です。日本語を含む世界 80 カ国語以上に翻訳され，ホームページ（https://youthinmind.com/products-and-services/sdq/）で公開されています。文言を変更しない条件で誰でも無償で利用することができます。

　SDQ は 25 問の質問項目が五つの下位尺度に 5 問ずつ配置されています。**情緒の問題**は，「心配ごとが多くいつも不安なようだ」や「おちこんでしずんでいたり涙ぐんでいたりすることがよくある」など，抑うつや不安など情緒の問題を反映しています。**行為の問題**は，「よくうそをついたりごまかしたりする」や「よく他の子どもとけんかしたりいじめたりする」など，反社会的行動に関する行為を反映しています。**多動／不注意**は，「おちつきがなく長い間じっとしていられない」や「いつもそわそわしたりもじもじしたりする」など，不注意性や多動性に関する問題を反映しています。**仲間関係の問題**は，「一人でいるのが好きで一人で遊ぶことが多い」や「他の子どもたちより大人といる方がうまくいくようだ」など，友人関係の問題を反映しています。**向社会的な行動**は，「他人の気持ちをよく気づかう」や「自分からすすんでよく他人を手伝う」など，協調性や共感性など向社会的行動傾向を反映しています。

　評価では，各下位尺度を得点化するとともに，向社会性を除いた四つを合計して「総合的困難さ（Total Difficulties Score; TDS）」を算出します。向社会性は得点の高さが「強み」を表しますが，その他の下位尺度と TDS は得点の高さが「困難性」を表します。すべての指標は，その得点から支援の必要性を「High Need」「Some Need」「Low Need」と 3 段階に評価します。「SDQ 子どもの強さと困難さアンケート」ホームページ（https://

ddclinic.jp/SDQ/index.html）には，4 歳から 18 歳までの幼児集団，小中学生集団，高校生集団の養育者評定，教員評定および本人評定の標準値が公開されています。

SDQ は次項 ASEBA のチェックリストの一つである CBCL（Child Behavior Checklist）と高い相関をもつことが示されているほか，ADHD における多動性や攻撃性の行動特徴や，ASD における社会性の特徴と関連が見られることが報告されています。

➡ どうやって

SDQ は，養育者版（2〜4 歳用と 4〜17 歳用），教員版（4〜17 歳用），本人版（11〜17 歳用，18 歳〜用）があります。養育者版と教員版は評価対象となる子どもに関して，本人版は自分自身に関して，半年間程度の行動の状態について回答します。回答は，「あてはまらない」「まああてはまる」「あてはまる」の 3 段階で行い，その所要時間は 5 分程度とされています。

評価は，各質問項目の回答を 0〜2 点と得点化し，下位尺度得点と TDS を算出します。「High/ Some/ Low」の支援の必要性を分類するカットオフ値（定量的検査について，検査の陽性／陰性を分ける値）は，厚生労働省のホームページに養育者版のみが示されており，他は英国基準が用いられます。

➡ どうする

SDQ は，個人を評価対象として実施されますが，学級全体を対象とすることも可能です。一人ひとりの特性を把握すると同時に，学級としての特徴を把握し，実態に基づいた指導／支援につなげることが期待されます。

表 1　指導前後における SDQ スコア

サブスケール	指導前	指導後	
情緒	1.5 (1.6)	1.3 (1.6)	
行為	2.8 (2.3)	1.5 (2.2)	*
多動	5.9 (3.8)	3.6 (2.8)	*
仲間関係	1.4 (1.5)	1.4 (1.5)	
向社会性	5.2 (2.4)	4.9 (3.0)	
TDS	11.2 (7.1)	8.3 (5.0)	

平均（標準偏差）$* p < .05$

一例として，SDQ を用い学級の実態把握と授業改善を行った取り組みを紹介します。

学習理解度が二極化し，授業中の私語など不適切な行動が目立っていた小学 3 年 22 名の学級を対象に SDQ 教員版を実施しました。指導前後の平均得点を表 1 に示します。

指導前評価では，「多動」で得点が高く「仲間関係」で低いことが示されました。授業観察などと総合し，学級の特徴として，集中力に「弱さ」である一方，児童の関係性が「強み」であると解釈されました。そこで，授業では 1 時間の見通しがもてるよう「めあてと手順」の提示とともに，一つの活動を短く展開を早め，グループ活動を増やすなどの取り組みを行いました。3 か月間指導を継続したところ，授業中の不適切行動の減少と授業への取り組みが向上し，指導後評価では得点の有意な向上が認められ，指導の効果が確認されました。

〈鈴木　恵太〉

もっとくわしく知るために

・SDQ ホームページ
https://www.sdqinfo.org/〔2022 年 9 月 16 日取得〕
・SDQ 子どもの強さと困難さアンケート
https://ddclinic.jp/SDQ/index.html〔2022 年 9 月 16 日取得〕

ASEBA（アセバ）

Achenbach System of Empirically Based Assessment

著　　　者：Achenbach, T. M.（日本版訳：船曳康子）
発　　　行：京都国際社会福祉センター（原版は 2001 年）
キーワード：心理社会的適応，内向尺度，外向尺度，問題行動
一言紹介：不安や抑うつ，社会性や思考，注意といった側面から，心理社会的な適応行動ができるかどうかを本人ならびに家族や教員等による評定から評価する。

❖-◆-❖-◆-❖-◆-❖-◆-❖-◆-❖-◆-❖-◆-❖-◆-❖-◆-❖-◆-❖-◆-❖-◆-❖-◆-❖-◆-❖

➡ な に

ASEBA は，乳児から高齢者を対象とした，適応機能や行動，情緒や対人的な課題などを評価する一連のチェックリストの総称です。

ASEBA は九つのチェックリストから構成されています。これらは，対象者の年齢，誰が評価するのかという 2 点によっていくつかの種類に分類できます。1 歳半から 5 歳までの子どもは，養育者が記入する① CBCL $1_{1/2}$-5，主に園や施設の教職員が記入する② C-TRF$1_{1/2}$-5 になります。6 歳から 18 歳までの子どもは，養育者が記入する③ CBCL6-18，主に教員が記入する④ TRF6-18 になります。ただし，11 歳から 18 歳までの場合は，本人が記入する⑤ YSR11-18 があります。18 歳から 59 歳までの成人は，家族などよく対象者を知っている人が記入する⑥ ABCL18-59，本人が記入する⑦ ASR18-59 になります。60 歳以上の成人は，家族などよく対象者を知っている人が記入する⑧ OABCL，本人が記入する⑨ OASR となります。

このように，ASEBA は適応状態を，本人をよく知る他者による評価と自己評価という二つの側面からとらえることができます。

この検査は，心理社会的な適応に困難をもつ人を対象として行われます。特定の障害を診断したりするものではなく，行動を評価するためのものです。このような特徴があるため，対象は ASD や ADHD といった発達障害のある子どもや成人，不登校や抑うつといった精神的な課題をもつ人など，幅広く適用することができます。

以下では，比較的使用されることが多い子ども用のチェックリスト（CBCL）について主に説明します。

CBCL$1_{1/2}$-5 は 100 項目の質問に加えて言語発達をよりくわしく調査します。CBCL6-18 は 113 項目の質問に加えて生活や学業についての質問等で構成されています。

これらの項目は，CBCL6-18 では八つの尺度得点（CBCL$1_{1/2}$-5 は七つ）として結果がまとめられます。①「不安／抑うつ尺度」，②「引きこもり／抑うつ尺度」，③「身体愁訴尺度」は，不安・抑うつ，孤立の度合いや身体的な訴えの有無を測っています。これら三つは合わせて「内向尺度」と呼ばれる上位尺度にまとめられます。④「社会性の問題尺度」，⑤「思考の問題尺度」，⑥「注意の問題尺度」は，社会性や思考内容，注意集中に関する問題の有無を測っています。また，⑦「規則違反的行動尺度」，⑧「攻撃的行動尺度」は，反社会的な行動の有無や攻撃性を測っています。この二つは，「外向尺度」と呼ばれる上位尺度にまとめられます。CBCL6-18 以外の

チェックリストは尺度の構成自体が異なっています。

これらの尺度の得点は，その年齢で標準的な子どもの行動と比べてどの程度行動が逸脱しているかを評価できるＴ得点に換算されます。各尺度得点のＴ得点については，およそ 65 以下が正常域，およそ 65 以上 70 以下が境界域，およそ 70 以上が臨床域となります。臨床域とは，臨床的な支援が必要されるめやすを示します。上位尺度のＴ得点については，59 以下が正常域，60 以上 63 以下が境界域，64 以上が臨床域となります。これらは，あくまでめやすであり，子どもの発達状態や家庭・学校の環境などを総合して支援内容を考えます。

⮕ どうやって

検査にかかる時間は，15〜20 分程度です。チェックリストに本人や養育者・家族，教員等が回答していきます。各質問は，どの程度その行動が当てはまるかを三つの選択肢から選んでいきます。また，質問項目によっては，具体的にどのようなことが課題か説明を求められます。

⮕ どうする

課題となる行動全般についての質問項目で構成されているので，対象となる人の現状を理解するのに役立ちます。特に，臨床域の設定があるので，問題が重なり合っているときにどの領域（尺度）の問題が支援を必要としており，その程度はどれほどかというめやすとなります。たとえば，同じ不登校であっても，不安や抑うつ傾向があるのかどうか，思考の問題があるのかどうか，また，その程度はどれぐらいであるかによって，まずどこに対応すべきかを考えるための参考となります。

ASEBA は，行動の有無を評定する検査であるため，その行動の原因を特定できるものではありません。たとえば，「社会性の問題」尺度得点が高かったとき，それは，ASD の症状として理解すべきか，経験の問題として理解すべきか，検査結果のみでは判断できません。生育歴と併せて総合的に判断する必要があります。

たとえば，Ａさん（13 歳男性）が以下のプロフィールであったとします（カッコ内はＴ得点）。CBCL6-18 の結果は，「総得点」が 40 点（69），「内向」が 23 点（76），「外向」が 2 点（55）でした。「総得点」と「内向」が臨床域であり，「外向」は正常域でした。プロフィールを細かく見ると，「①不安／抑うつ」が 14 点，「②引きこもり／抑うつ」が 8 点であり，Ｔ得点を出したところ，これらが臨床域になっていました。Ａさんは，小学校から登校しぶりが見られ，中学校では不登校になっていました。また，聞き取りの結果，自分に価値がないということを親にたびたび話すということでした。Ａさんの課題は，CBCL6-18 の結果をもとにすると，家に引きこもっていること，自尊感情の低下をあげることができます。

ASEBA は，その得点がどうして高くなったのかまでは説明できません。あくまで行動の有無を評価している検査です。したがって，検査結果をもとにして，なぜそれが高くなったのかということを多面的に考える必要があります。支援をするためには高い点数となった尺度の原因を評価して，仮説を立てることが大切です。その仮説に沿って，まずどこを支援するかを決めていくことが重要です。

〈廣澤　満之〉

PVT-R

Picture Vocabulary Test-Revised　絵画語い発達検査

著　　者：上野一彦, 名越斉子, 小貫悟
発　　行：日本文化科学社, 2008 年
キーワード：語いの理解力, 発達度, 語い年齢
一言紹介：3 歳〜 12 歳 3 か月までの子どもを対象として, 言葉と絵のマッチングから, 語いの量や言葉の理解力を評価する。

➔ な に

　言語発達の異なりは, 知的障害や発達障害の初期の気づきとして重要な点です。PVT-R は, 子どもの理解できる言葉の多さに焦点を当てた, 短時間で評価が可能な, 簡便なスクリーニングツールとして開発され, 子どもの言語発達の程度を評価することを目的として作成されました。言語発達の中でも, 特に言語の音韻的理解（その言葉がどのような音なのか）と意味的理解（その言葉がどのような意味をもっているのか）を中心に評価しています。

　検査は, 図 1 のような 4 コマの絵が描かれた図版を用いて行われ, 子どもは, 検査者が言った言葉に当てはまる絵を 4 コマの中から選んで指差しで答えることが求められます。指差しによる回答は, 言葉による回答よりも容易にできること, 発達の初期段階で見られ

る行為であるため, 知的障害が疑われる子どもや年齢の低い子どもでも適用できるよう考慮されています。このことから, たとえばWISC-V や KABC-Ⅱといった本格的なアセスメントの実施が難しい子どもについても, 簡便なスクリーニングツールとしての使用が可能です。

➔ どうやって

　3 歳 0 か月から 12 歳 3 か月の子どもに実施することができます。子どもがどのように取り組んだのかという点も重要な評価の一部であるため, 子どもと一対一で検査を行います。子どもの年齢により開始図版が異なり, 正答状況により中止が定められているため, その子どもの回答の様子によって取り組む問題の数は異なりますが, 平均すると 10 分から 15 分程度の所要時間です。

　この検査では, 以下の 3 種類の数値を得ることができます。

　修正得点：単純な正答数の合計から偶然の正解を考慮した得点です。この検査は 4 択式であり, 1/4 の確率で偶然正解してしまうため, 選択誤答数（無反応は除く）を考慮した修正得点を計算します。

　語い年齢：修正得点をもとに換算します。語い年齢は, その子どもの言語発達が何歳相応なのかを示す数値です。

図 1　検査図版のイメージ

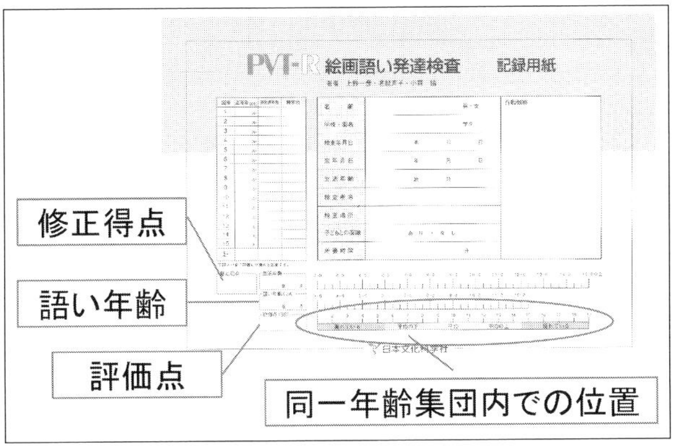

図2　スコアシート

評価点：語い年齢同様，修正得点をもとに換算します。評価点は語い年齢とは異なり，その子どもの成績を同じ年齢の子どもと比べた際に，どのあたりに位置するかを表し，平均10点，標準偏差は3で，7〜13点の範囲に全体の約7割が含まれます。

→ どうする

前述のように，PVT-Rの結果は，語い年齢から，その子どもの語いの量や言語理解の程度が何歳相当なのかということを判断でき，評価点からは，同年代の子どもの平均と比べてその子どもの語いの量の多寡を知ることができます。

この検査では，図1のような4コマの図版に対し，5〜6問が割り当てられているため，同じ絵を複数回選ぶ必要があります。子どもの中には，「四つすべて選んだため，5問目以降の問題に対しては該当する絵がない」と判断する子どももいます。したがって，子どもがどのような絵をその言葉の意味として選んだのかということを詳細に調べることによって，その子どもの思考の柔軟性や，言葉のカテゴリー化の程度などを窺い知ることができます。

たとえば，図1の例では，「あめ」でも「食べ物」でも1の絵は選択可能です。「あめ」を正答し，「食べ物」を誤答した場合には，より抽象的な概念の理解が難しいということを推測することができます。

以下は，PVT-Rを用いた評価における事例です。Aさんは生活年齢11歳3か月，PVT-Rによる語い年齢は9歳3か月で，評価点は6でした。生活年齢と語い年齢に2歳の差があることから，Aさんには言語面での困難さが予想されます。さらに，評価点が6ということより，同年代の子どもの平均よりも1標準偏差以上低いことがわかります。これらのことより，Aさんが使用，理解できる語いの量は，同年代の子どもの平均と比べて少ないと考えられます。

さらに，全般的な認知能力を測定することができるWISC-Vなどとテストバッテリー（複数の検査を組み合わせて実施すること）を組み，その下位検査の成績と比較することにより，その子どもが抱える困難さと，語いの少なさとの関連について議論することができるようになります。

PVT-Rは，簡易スクリーニングツールであり，理解言語の量のみを測定しているため，統語的理解（語の並び順などについての理解）や短期記憶，視空間認知などの認知能力については評価することができません。したがって，子どもの全般的な知的能力を評価する際には，この検査だけでなく，全般的な認知能力を測定することができるテストバッテリーを組み，その子どもの認知能力について総合的に評価することが重要です。

〈横田　晋務〉

LC スケール

言語・コミュニケーション発達スケール［増補版］（Language Communication Developmental Scale）

著　　　者：大伴潔，林安紀子，橋本創一，池田一成，菅野敦
発　　　行：学苑社，2013 年
キーワード：言語表出，言語理解，コミュニケーション，LC 年齢，LC 指数
一言紹介：0 歳から就学前の子どもを対象に，直接課題を実施して「言語表出」「言語理解」「コミュニケーション」の 3 領域から言語コミュニケーションの発達を評価する。

→ な　に

0〜6 歳の乳幼児の言語コミュニケーションの発達を基盤にしてつくられたアセスメント法です。「言語表出」「言語理解」「コミュニケーション」の 3 領域を評価し，言語コミュニケーション行動の発達上の長所や課題を知ることにより，発達支援プログラムの立案に役立つ情報を得ることを目的としています。

ことばを口頭で答える「言語表出課題」，絵の指差しなどで答える「言語理解課題」，ことばによらない対人コミュニケーションや適切な状況判断ができるかどうかを評価する「コミュニケーション課題」で構成されています。評価は，観察や課題を通して行い，総合的な言語コミュニケーション年齢（LC 年齢）と指数（LC 指数），下位領域である「言語表出」「言語理解」「コミュニケーション」についてそれぞれ発達年齢，発達指数を算出することができます。総合的な LC 指数は，田中ビネー知能検査Ⅴの知能指数との正の相関が強いことが示されています。

LC スケールの特徴の一つは，「量的変化」と「質的変化」という観点から，ことばの諸側面を網羅的に評価できることです。「量的変化」とは，知っている事物の名前（名詞）や動作を表すことば（動詞）が増えることなどを指します。語彙のレパートリーが広がる

ことは，事物の出来事の分類と概念化が進み，ことばによる理解や表現に幅が出ることを意味し，言語発達の重要な指標です。「質的変化」とは，表出できる語彙をもたない乳児期の段階（前言語期）から言葉を表出できる段階（言語期）への移行，1 語を中心とする段階から 2 語，3 語の語連鎖による表現が可能な段階への進展といった，意思伝達の仕方や表現できる手段の変化のことを指します。

また，乳児期から学齢前の言語コミュニケーションレベルの発達を以下の五つの段階に評価することができます。

・**ことば芽生え期**：表出語彙はないが，コミュニケーションの基礎が築かれている時期

・**一語文期**：有意味語は獲得されており，語連鎖の形成に向かっている時期

・**語連鎖移行期**：2 語連鎖の表現が可能であり，そのスキルを使った表現・理解を広げつつある時期

・**語操作期**：ことばを説明や論理的思考・表現の道具として使うことが一層可能になりつつある時期

・**発展期**：より抽象的な語彙を獲得し，助詞・助動詞による複雑な表現へと展開しつつある時期

→ どうやって

検査は個別で行います。用具は，マニュア

ルや絵図版冊子のほか，ぬいぐるみやボール，積み木などがあり，検査者が文脈に即した場面をつくる課題で使用します。検査手順は，まず，「手ごたえ課題」という子どもの言語発達のレベルを大まかに判断するために設けられた難易度の異なる五つの言語表出課題から施行し，子どもの大まかな発達レベルを見出します。次に，発達レベルに対応している決められた範囲の課題をすべて施行します。

各課題の通過した基準の総数とマニュアルに掲載されている換算表とを照らし合わせ，LC 年齢，LC 指数を求めます。学苑社の LC スケールのホームページに，言語発達評価の報告書の事例がありますので，解釈や報告書を作成する際に参考にすることができます。

→ どうする

結果から得られた各指数を解釈する際には，まず，標準偏差を参考に，同じ年齢の子どもの平均からどれくらい離れているのかを見ます。各下位領域およびそれらを総合して算出される LC 指数は，各年齢群において平均 100，標準偏差 15 とされています。総合 LC 指数が-1 標準偏差より低い場合，言語発達の遅れを疑う必要があるといえるでしょう。また総合 LC 指数は田中ビネー知能検査Ⅴの知能指数との間に正の相関があることが示されていますので，総合 LC 指数が低く，下位領域の各指数が全般的に低い場合は，知的能力の発達の遅れがある可能性があります。

次に，各指数間の差に着目し，子ども個人内の「言語表出」「言語理解」「コミュニケーション」の各能力間の長所や課題を明らかにします。一般的に，言語理解は言語表出に先行して発達しますので，「言語理解」の数値が低い場合，言語発達全般に弱さがあると考

えられます。一方で「言語表出」の数値のみが低い場合は，特異的言語発達障害（「CCC-2」の項を参照）がある可能性が考えられます。また，「コミュニケーション」の数値が低い場合は，コミュニケーションの苦手さや語用面の弱さがある可能性があります。

「領域別まとめシート」を用いて，各下位課題についてどの通過基準まで合格しているのかを視覚的に示すことで，子どもの課題を明らかにすることもできます。

事例を紹介します。ことばの遅れが主訴のＡちゃん（3歳6か月）は，LC スケールにて各 LC 指数が総合 96，言語表出 93，言語理解 100，コミュニケーション 99 でした。数値からは全般的な言語発達の遅れはないと判断され，各領域間の差も統計的に有意ではありませんでした。しかしＡちゃんの発話のほとんどは単語から2語文であり，言語発達に何らかの苦手さがあること推測されました。そこで「領域別まとめシート」を再度確認し，「語彙」に関する言語表出課題のいくつかは2歳前半のレベルであることがわかりました。このことから，Ａちゃんの課題として表出語彙が少ないことが明らかとなり，まずは表出できる語彙の量や種類が増えることを目標に指導・支援が開始されました。

このように，結果から得られた数値とともに，実際の子どもの反応や発話にも目を向けて，総合的に言語コミュニケーションの発達を評価することが大切です。

〈水戸　陽子〉

もっとくわしく知るために

・大伴潔，林安紀子，橋本創一編著（2019）『言語・コミュニケーション発達の理解と支援—LC スケールを活用したアプローチ—』学苑社

LCSA

学齢版 言語・コミュニケーション発達スケール（LC scale for School-Age children）

著　　者：大伴潔, 林安紀子, 橋本創一, 池田一成, 菅野敦編著
発　　行：学苑社, 2012 年
キーワード：LCSA 指数, リテラシー指数, 音韻意識
一言紹介：主に小 1〜小 4 の児童を対象に,「文や文章の聴覚的理解」「語彙や定型句の知識」「発話表現」「柔軟性」「リテラシー」の 5 領域から言語スキルの特徴を明らかにする。

→ なに

　小学校の通常の学級に在籍する児童で言語コミュニケーションに支援ニーズがあると考えられる児童や, 特別支援学級などに在籍する児童の中で比較的高い知的発達水準にあると思われる児童の言語スキルの特徴を明らかにすることができます。

　以下の五つの領域を評価する 10 の下位検査で構成されています。

・文や文章の聴覚的理解：「口頭指示の理解」「聞き取りによる文脈の理解」

・語彙や定型句の知識：「語彙知識」「慣用句・心的語彙」

・発話表現：「文表現」「対人文脈」

・柔軟性：「関連語の想起」「推論」

・リテラシー（書字表現に関するスキル）：「音読」「文章の理解」「音韻意識」

　各下位検査は, 学校場面で子どもたちが言語面で要請されているさまざまな事柄に対応しています。乳幼児向けである LC スケールの「言語表出」「言語理解」「コミュニケーション」という枠組みを視野に入れながらも, 学齢期の課題に合わせて, 下位検査間の比較を重視した構成となっています。さらに, 学齢期のコミュニケーションにおいては, 文脈における登場人物の心情の洞察や行動に関する推論, 皮肉の理解といった言葉にかかわる

側面も重視されるので, LCSA ではコミュニケーション行動そのものではなく, コミュニケーションにかかわる言語的スキルを評価しています。

　なお,「音韻意識」は, 文字の読み書きの習得を支える重要なスキルの一つで, 語を構成する音を意識化したり操作したりする力です。音韻意識課題には, 語中の真ん中の音節の抽出, 与えられた音節を語末に含む語の想起, 語を反対から言う逆唱, 特殊拍の表記の理解などが含まれています。

　発達指標として, 全下位検査から算出される LCSA 指数と, リテラシー（書記表現に関するスキル）にかかわる下位検査から算出されるリテラシー指数のほか, 下位検査ごとに評価点を算出できます。総合的な評価と文字の習得に関するスキルを評価できるとともに, 評価点を下位検査間で比較することで, 児童の個人内の長所と課題が明らかになり, 指導方針の設定に役立てることが可能です。

　対象は小学校 1 年生から 4 年生ですが, 言語面の支援ニーズが大きく, LCSA が適切と考えられる場合には, 5 年生以上の児童に適応してもかまいません。その場合, 4 年生の標準化データを参照してプロフィールを求めます。ただし, 結果はあくまで暫定的なものになりますので, 結果の解釈は慎重に行わなければなりません。また, 言語コミュニケー

ションの発達が定型発達児における 7 歳相当に満たない水準である場合は，LC スケールの使用が適切です。

どうやって

　検査は個別で行います。マニュアルや絵図版冊子のほか，筆記用具，ストップウォッチ，IC レコーダーを用意します。所要時間は 45 分から 55 分程度です。

　結果から得られた粗点をマニュアルに掲載されている換算表から評価点に変換します。さらに，評価点の合計から，LCSA 指数とリテラシー指数を求めます。各下位検査の評価点と二つの指数を LCSA プロフィールにグラフ化し，児童の言語スキルの特徴を明らかにします。

どうする

　LCSA は，下位検査間の比較を重視していますので，個人内での特徴を明らかにすることに重点が置かれているといえます。LCSA プロフィールにおいて評価点が低い下位検査は，支援が必要と考えられる領域の候補となり，一方で，評価点が高い下位検査は，個人内での長所ととらえることができます。

　たとえば，「聞き取りによる文脈の理解」の評価点が低いときは，日常場面でも，文章を聞いて文脈の流れを理解する，「なぜ」といった推論を交えて正確に把握することなどが困難である可能性があります。このような場合，1 文を短くし項目立てて伝える，視覚的な手掛かりを併用するなどの支援が考えられます。

　リテラシー指数が低いときは，学習場面で，教科書を声に出して読むことや，書かれた文章の内容を理解することが困難な可能性があ

ります。このような場合，読み書きの習得に何らかの苦手さがある可能性を疑うことが必要です。リテラシー領域の下位検査の一つである「音韻意識」に注目し，この評価点が低いときは，読み書きの習得の苦手さの認知的要因として，音韻面の弱さがあることが推測されます。さらに読み書きの学習到達度や音韻面の能力の評価を行い，児童のリテラシー指数が低い背景を明らかにした上で，支援内容を検討します。

　また，他の検査などで発達性読み書き障害が疑われた児童について，読み書きが苦手な要因を探るために，リテラシー領域の課題を活用することもできるでしょう。

　児童の知的発達と LCSA 指数とのバランスを加味した視点から，児童の言語スキルを総合的に評価することも大切です。LCSA 指数が低くても知的発達相当であったときは，その児童なりの言語スキルの習得がなされていると考えることもできます。その場合，言語面のみに特化したアプローチよりも，全般的な認知能力を伸ばす，もっている力を活用して生活スキルを伸ばすなどの支援が適切かもしれません。

　児童の学習や日常場面における言語コミュニケーション上の特徴を LCSA プロフィールと照らし合わせることで，支援を要すると考えられる領域や長所として生かしていく領域を把握し，支援計画の具体的な検討に役立てていきます。

〈水戸　陽子〉

もっとくわしく知るために

・大伴潔，林安紀子，橋本創一編著（2018）『アセスメントにもとづく学齢期の言語発達支援―LCSA を活用した指導の展開―』学苑社

CCC-2

The Children's Communication Checklist Second Edition　子どものコミュニケーション・チェックリスト

著　　　者：Bishop, D. V. M. (日本語版作成：大井学，藤野博，槻舘尚武，神尾洋子，権藤桂子，松井智子)
発　　　行：日本文化科学社，2016 年
キーワード：語用，言語語用障害，養育者，質問紙
一言紹介：3 歳〜15 歳の子どもを対象に，10 領域計 70 問の質問項目への養育者の回答から，言語語用能力を評価する。

➔ なに

CCC-2 では，語用は，コミュニケーションが行われる状況に合わせて適切なメッセージを選択したり，適切な解釈をしたりすることと定義されています。従来の検査ではとらえられなかったコミュニケーションの語用的側面に焦点を当て，子どもの語用能力のより現実的で的確な評価をめざして作成されました。具体的には，①言語障害の可能性が疑われる子どもや，専門家（言語聴覚士や心理士など）にさらなる評価を受ける必要のある子どものスクリーニングをすること，②コミュニケーションに問題のある子どもの語用障害（DSM-5 における社会的コミュニケーション障害）を特定すること，③ことばの問題に ASD の特徴が見られるか判断すること，を目的としています。

言語語用障害は，その定義上，状況に依存しているものであるため，評価や検査のような構造化された場面では，日常生活の場面に比べ問題が明らかになりにくいことがわかっています。そのため，CCC-2 では原則として養育者による質問項目への記入方式が採用されています。子どもがどのようにことばを使うか，コミュニケーションの特異的な特徴があるか（定式化された会話や，過剰に文字どおりに解釈するなど）といった内容の 70 問の質問によって構成され，以下の A 〜 J の 10 領域に分類されます。

A「音声」：正確に発音できるか，はっきり話すことができるか

B「文法」：助詞，接続詞，指示語などを適切に使用できるか

C「意味」：単語の意味を正しく理解して適切に選択・使用できるか

D「首尾一貫性」：相手に伝わるよう，急な話題転換や矛盾をすることなく話すことができるか

E「場面に不適切な話し方」：同じ話や質問を繰り返す，相手の気持ちや状況を考えずに話をすることがあるか

F「定型化されたことば」：決まったフレーズを使用する，聞いたことをそのまま繰り返すことがあるか

G「文脈の利用」：状況や文脈から適切に意味を解釈することができるか

H「非言語的コミュニケーション」：会話の際の表情や態度の様子

I「社会関係」：他者との関わり方について

J「興味関心」：興味関心の偏りについて

採点結果から，「一般コミュニケーション能力群」(General Communication Composite; GCC) と「社会的やりとり能力の逸脱群」(Social Interaction Deviance Composite; SIDC)

に該当する数値をそれぞれ算出することができます。GCC は，コミュニケーションの問題をもつような臨床診断のある子どもと定型発達の子どもとの識別に有効とされています。一方，SIDC は，典型的な特異的言語発達障害の子どもと偏った語用障害の兆候をもつ子どもとの識別に有効とされています。なお，特異的言語発達障害とは，聴力障害，知的障害，対人関係の障害など言語発達を遅らせる要因がないにもかかわらず，言語発達がその年齢で期待される状態よりも遅れている状態を指します。

対象は，3歳以上の文章での発話がある子どもで，マニュアルには，3歳〜15歳の年齢および性別ごとの粗点から評価点への換算表が記載されています。

➡ どうやって

子どもの日常生活の様子をよく知る人（通常は養育者）に，各質問項目に対し頻度で定義された数値 0（週に1回以下）〜3（日に数回）を記入してもらいます。質問項目は全部で70問であり，所要時間は通常約5〜15分とされています。

採点は，付属の採点シートおよび個人票を用意し，マニュアルに記載されている手順に従って進めます。GCC は A〜H の8領域に基づいて算出し，SIDC は領域 E，H，I，J の合計と領域 A〜D の合計との不整合を反映した値を算出します。

言語聴覚士，心理士および小児科医によって解釈されることを意図して作成されているため，結果の解釈には上記専門家との連携が必要になります。

➡ どうする

質問紙ゆえ，回答者の質問の理解力や回答の際の熟考など，個人差があります。そのため，CCC-2 で得られた結果単独で，診断の際の主要な根拠にすることは適切ではありません。しかし，子どものコミュニケーション能力のうち，さらなる検査が必要な領域を明らかにすることで，評価過程の情報源としたり，その子どもの日常的な場面におけるコミュニケーション力の情報を得たりするために使用することができます。

また CCC-2 を用いることにより，語用障害のある子どもの会話場面でのコミュニケーションの異質さの評価が，各支援者の主観的なものではなく，標準化されたデータに基づいたものとなります。その子どもにかかわる支援者間の共通理解が促され，足並みをそろえて支援をすることが可能になります。さらに，子どもの語用面の弱さを養育者に伝える際にも，根拠をもって説明することができるでしょう。

〈水戸　陽子〉

フロスティッグ視知覚発達検査

Developmental Test of Visual Perception

著　　　者：Frostig, M.（日本版作成：飯鉢和子，鈴木陽子，茂木茂八）
発　　　行：日本文化科学社，1979 年
キーワード：視知覚，目と手の協応運動，空間認知，形態認知
一言紹介：子どもの視知覚上の問題を発見し，適切な訓練につなげるための検査で，五つの下位尺度から構成
　　　　　されている。

→ な　に

　4歳0か月〜7歳11か月の子どもを対象とした，視知覚機能を測定する検査です。「視覚と運動の協応」「図と地」「形の恒常性」「空間位置」「空間関係」の五つの下位尺度から構成され，各領域および全般的視知覚発達水準を把握することができます。限局性学習症（SLD）など発達障害の背景的特性を評価するためによく用いられます。

　フロスティッグ視知覚プログラムは，脳損傷など，視知覚機能に問題のある子どもの訓練のために開発されました。フロスティッグ視知覚発達検査はこのプログラムと一緒に開発されたもので，その構成は以下の五つの下位尺度からなります。

　Ⅰ「視覚と運動の協応」：いろいろな幅をもった2本の境界線の間に連続的な直線や曲線を描いたり，点と点を結ぶ線を描いたりする内容です。ここで低い成績を示す場合には，目と手の協応運動の弱さが想定されるほか，衝動性や動機づけが関与している場合があります。

　Ⅱ「図と地」：順次複雑さを増す素地に対して，目標とする図形を分析し，正確に縁取りをする（図形上をなぞる）内容です。この下位尺度で低い成績を示す場合には，多くの視覚情報の中から特定の情報を見つけ出す視覚分析の弱さや，図形の短期記憶，注意コントロールの弱さが関与していることが考えられます。

　Ⅲ「形の恒常性」：ある図形の大きさ，線による濃淡の変化，構成，空間における位置など，異なる条件のもとに提示される幾何学図形を知覚し，目標刺激を弁別する内容です。見かけの大きさを変える要因に対応して，実際の大きさや形を正確に分析したりイメージしたりする「形の恒常性」の力を反映するとされます。この下位尺度で低い成績を示す場合には，たとえば，黒板に描かれた正方形とノートに描かれた正方形の大きさを誤ったり，逆に同じ「正方形」であることを誤ったりすることが考えられます。その他，目標刺激を見落とすなどの不注意性や衝動性が関与することも考えられます。

　Ⅳ「空間位置」：並んで提示されている図形の中で，異なるものや同じものを弁別する内容です。この能力が弱いと，形の空間的位置関係を正しく知覚できないために，よく似た文字や数字（たとえば，「シとツ」「p と q」「6と9」「38 と 83」など）を混同してしまうことがあります。その他，不注意や衝動性によって誤反応が増えることも考えられます。

　Ⅴ「空間関係」：複雑さを増す形態や模様を分析し，正確に再生する内容です。これは，複数の位置関係や自分と対象との位置関係を

知覚する能力を反映しています。この能力が弱いと，漢字の形態の特徴を正しくとらえられないなど，視空間に配置された情報を正しく分析したりイメージしたりすることが難しくなります。

➡ どうやって

検査は，4歳0か月から7歳11か月までの子どもを対象に，集団実施，個別実施のいずれかの方法で実施します。準備物は，検査用紙1人1冊，その他に鉛筆および色鉛筆（青，赤，緑，茶），見本提示カードです。子どもへの教示などは実施の手引きに従って行います。所要時間は30〜40分です。

得られた結果は，採点基準に従って採点し，各下位検査における知覚年齢（PA）および評価点（SS），さらにすべての下位検査を総合した知覚指数（PQ）を算出し評価に用います。

なお，対象年齢を超える年齢にも実施することができます。対象が8歳以上10歳未満の場合には，PA，SS，PQが算出されますが，対象が10歳以上で測定されたPAが上限に達しなかった場合には，その領域に「困難さ」があるものとし，SSとPQは算出されません。

➡ どうする

解釈においては，各下位検査におけるPAと，そこから計算されるSSおよびPQを用います。低い成績の場合には，各下位尺度が反映する視知覚機能の弱さが想定されます。

しかしながら，この検査結果が，視知覚の

障害，知的障害，不注意性や衝動性などADHDの特性，その他の要因のいずれによるものなのかは，本検査のみでは判断できないので，他の検査法と組み合わせて解釈することが求められます。

本検査法の指導への活用例を紹介します。漢字の書字に強い苦手さのあるAさん（CA：7歳1か月）は，形の似た漢字を混同したり，漢字の細部を正確に再生できなかったりなどのエラーを頻発していました。WISC-Ⅳの結果は，言語理解（VCI=90）に比べ，知覚推理（PRI=71）および処理速度（PSI=58）の得点が有意に低く，視覚系情報処理の弱さが想定されたことから，詳細な分析のためにフロスティッグ視知覚発達検査を用いました。検査の結果を表1に示します。

表1　検査の結果（Aさん）

	Ⅰ	Ⅱ	Ⅲ	Ⅳ	Ⅴ
PA	6:06	6:04	4:06	5:08	5:03
SS	9	9	6	8	7
			PQ	68	

全体的に低い評価点になりましたが，特にⅢ「形の恒常性」とⅤ「空間関係」で低く，形の特徴や大きさ，位置などを正確に分析・イメージする視知覚機能の弱さが考えられました。指導においては，WISC-Ⅳで示された言語理解の強さを活用し，弱い漢字の形態的特徴の分析やイメージを，ことばを介して明確にする方法（言語化）を採用しました。その結果，形の特徴をとらえる本人独自の言語化ができるようになり（たとえば「目」は「ながぐち〔注：長方形の意〕」に「二」），習得効率が大幅に改善しました。

〈鈴木　恵太〉

知能・認知

発達

能力・適応

ことば

読み書き・視知覚

社会的・対人的

注意・集中

感覚・運動

WAVES（ウェーヴス）

Wide-range Assessment of Vision-related Essential Skills 『見る力』を育てるビジョン・アセスメント

著　　者：竹田契一監修／奥村智人，三浦朋子／中山幸夫企画製作監修
発　　行：Gakken，2014 年
キーワード：見る力，視覚関連基礎スキル，視知覚，目と手の協応，トレーニングドリル
一 言 紹 介：主に小学校 1 年生から 6 年生を対象に，学習を支える力の一つである「見る力（視覚関連基礎スキル）」をアセスメントする。

➡ な に

「見る力」は，学習を支える能力の一つであり，体の運動能力と同じように個人差があります。WAVES は，主として小学 1 年生から 6 年生を対象に，「見る力」に関する客観的なアセスメントをすることができます。「見る力」に弱さがある子どもへの適切な支援のための必要な情報を得ることができるとともに，アセスメントから明らかになった子どもの課題に対し，最初に取り組む練習として「見る力」を育てる教材「はじめてのトレーニングドリル」が付属されています。

「見る力」には，i. 目から情報を取り込むための目の機能，ii. 目から取り込んだ情報を理解する機能，iii. 他の感覚機能や運動機能との連動，などがあります。WAVES では，これらの能力を「視覚関連基礎スキル」と呼び，それぞれの機能には以下の能力が含まれると説明されています。

i. 目から情報を取り込むための目の機能

・視線を見たいものに向ける力（眼球運動）
・両目のチームワークを保って遠近感を把握する力（両眼視）
・ピントを合わせて物を見る力（調節）

ii. 目から取り込んだ情報を理解する機能

・目に入る情報の大切な部分に注目し，不要な部分は無視する力（視覚的注意）
・位置や空間を捉える力（空間知覚・空間認知）
・見た形を頭にイメージする力（形態知覚・形態認知）
・見た情報を記憶する力（視覚性記憶）

iii. 他の感覚機能や運動機能との連動

・目と手を連動させて動かす力（目と手の協応）
・図形などを見て書き写す力（図形構成）

10 種類の下位検査（「線なぞり」「形なぞり」「数字みくらべ」「形あわせ」「形さがし」「形づくり」「形みきわめ」「形おぼえ」「形うつし」「補助検査（大きさ，長さ，位置，傾き）」）から，眼科的な領域（視力，視野，両眼視，調節，色覚など）以外の子どもの視覚関連基礎スキルについて測定することができます。

使用目的，対象に合わせて，下位検査をすべて使う完全版と最低限の検査項目で行う短縮版，集団実施と個別実施とができるように構成されています。たとえば，見る力に関して学級全員のスクリーニングを行いたい場合，短縮版・集団実施が有効です。すでに何らかの見る力の弱さが疑われる子どもの支援について検討する場合，完全版・個別実施を選択することができます。

また，WAVES デジタル版も発売されています。

➡ どうやって

　各下位検査の検査用紙のほか，鉛筆，ストップウォッチを用意します。所要時間は，完全版でおよそ60〜70分です。短縮版は40分以内に収まるように設定されており，検査実施の目的に応じて，検査実施者が実施する下位検査を選択します。

　採点は，付属の採点記録用紙を用いて行います。算出された粗点を，それぞれの下位検査の評価点，およびそれらの評価点をもとにした以下の四つの指数に換算することが可能です。

・視知覚指数：形や位置関係，方向などを見分ける力を総合的に判断するための指数

・目と手の協応全般指数：目と手の協応の速度と正確性を総合的に判断するための指数

・目と手の協応正確性指数：目と手の協応の正確性を判断するための指数

・視知覚＋目と手の協応指数：視知覚と目と手の協応の能力を総合的に判断するための指数

　さらに，下位検査「数字みくらべ」のⅠとⅡ，「形あわせ」と「形さがし」，「形あわせ」と「形づくり」について，それぞれの評価点の差から，眼球運動，視覚情報の煩雑さや不完全さへの対応力を評価することができます。

　WAVESプロフィール自動換算ソフトが無料で提供されており，学研学校教育ネットのWAVESのホームページからダウンロードすることができます。

➡ どうする

　各下位検査の評価点，四つの指数，三つの下位検査間の評価点の差のそれぞれの数値を

解釈する際の判断のめやすが，三つの段階で示されています。

・現時点では弱さは認めない→経過観察

・弱さがある可能性が疑われる→丁寧に経過を見て，必要に応じて支援を行う

・弱さがあると判断→早急に状態把握と支援を行う

　さらに検査ガイドブックでは，各下位検査および指数の解釈についての詳細が説明されていますので，特別な知識や技術がない方でも，子どもの視覚関連基礎スキルの状態を的確にとらえることができます。

　また各下位検査の粗点をテスト年齢に換算することで，下位検査におけるそれぞれの粗点が何歳程度の平均にあたるかを知ることができます。このテスト年齢は，特に適応対象外の年齢の子どもに検査を実施した場合に有用でしょう。たとえば，特別支援学校中等部に在籍する生徒の成績を評価点で判断することは適切ではありません。同じ生活年齢の典型発達の生徒と比較することになるからです。大体どれくらいの年齢相当の能力かを評価するために，参考としてテスト年齢を活用するのが適切と考えられます。

　学習の苦手さの要因には，WAVESで測定している視覚関連基礎スキルの他にも，ことばの問題，不器用さにかかわる問題，読み書きの問題などがかかわっている可能性があります。そのため，得られた結果は，他の検査結果や生育歴，学校での様子などと併せて総合的に解釈しなければなりません。「見る力」以外の要因も認識した上で，WAVESの解釈を行い，必要に応じて専門家への相談についても検討する必要があるでしょう。

〈水戸　陽子〉

STRAW–R （ストロウ・アール）

Standardized Test for Assessing the Reading and Writing (Spelling) Attainment of Japanese Children and Adolescents: Accuracy and Fluency　改訂版 標準 読み書きスクリーニング検査

著　　　者：宇野彰，春原則子，金子真人，Wydell, T. N.
発　　　行：インテルナ出版，2017 年
キーワード：発達性読み書き障害，スクリーニング，音読，書取，RAN
一 言 紹 介：主に小学 1 年生から高校生までの読み書きの学習到達度を評価し，発達性読み書き障害の疑いのある子どもをスクリーニングする。

➜ な　に

発達性読み書き障害の疑いのある子どもを検出するためのスクリーニング検査で，簡易的な診断評価が可能です。読み書きに関する学習到達度の客観的な評価ができ，概ね小学 1 年生から高校生を対象としています。最近は，在学中や受験時における合理的配慮の根拠となる検査の一つとしても使用されています。

i. 音読の流暢性（速読），ii. 音読と書取（聴写）の正確性，iii. RAN（Rapid Automatized Naming），iv. 計算，という 4 種類の課題で構成されており，ひらがな・カタカナ・漢字の表記別に評価することが可能です。各課題によって適応学年が若干異なりますが，学年ごとの基準値と標準偏差が示されています。

i. 音読の流暢性（速読）

「ひらがな単語」「カタカナ単語」「ひらがな非語」「カタカナ非語」「文章」の五つの課題について，児童生徒にできるだけ速く間違えないように音読してもらい，音読の流暢性を評価します。日本語のひらがな・カタカナのように文字と音が一対一対応している規則的な言語では，読みの正確性は比較的獲得されやすい一方で，流暢性の習熟困難が生じると考えられます。

ii. 音読と書取（聴写）の正確性

「漢字 126 語音読（漢字音読年齢の算出）」：音読年齢の算出からおおよその発達段階を把握できるとともに，音読年齢を知ることで，知能検査や認知検査の結果との比較などができます。

「音読・書取（聴写）－ひらがな 1 文字・カタカナ 1 文字・ひらがな単語・カタカナ単語・漢字単語」：1 文字と単語での症状の違いの確認や，音読と書取の学習到達度について，表記別（ひらがな・カタカナ・漢字）に基準値との比較ができます。なお，文部科学省の学習障害の実態把握の基準（1999 年）をもとに，漢字単語は 2 学年下で学習する（2 年生のみ 1 年生で学習する）単語が採用されています。

iii. RAN

マトリックス状に並んだ数字と線画を，左上から右下へと連続的に誤らないように可能な限り速く呼名（naming）してもらう課題です。視覚に入ってくる絵や文字に対応する言語情報を素早く表出するという作業は，音韻再生の自動化能力によるものであり，読みの流暢性や正確性を予測する可能性が高いことが報告されています。

iv. 計算

四則演算の学習到達度を確認することができます。

→ どうやって

検査は個別で行います。音読課題では，子どもに課題を見せて音読してもらい，書取課題では，子どもが正しく音を聞き取れていることを確認するため，検査者の発話を復唱した後に書くように指示します。子どもの反応を記録し，正答数，誤り方，所要時間や反応開始時間などから評価を行います。なお，反応開始時間とは，音読課題では課題を提示してから子どもが音読を開始するまでの時間，書取課題では，子どもが検査者の発話を正しく復唱してから書き始めるまでの時間を指します。また書取の採点基準については，漢字を構成している要素の間が1要素以上離れている場合は誤りと見なすなど（例：町→田，丁），検査マニュアルに例が示されています。

実施にあたっては，この検査のほか，筆記用具，ストップウォッチ，ボイスレコーダーを用意します。ストップウォッチは，各課題の所要時間や反応開始時間を正確に計測するために，ボイスレコーダーは，音読課題やRAN課題での子どもの反応を録音することで記録のミスを防ぐために，必ず使用します。

→ どうする

簡易的な診断評価としては，速読課題における音読所要時間と誤反応数のどちらか，あるいは両方が標準偏差の＋1.5以上である場合，発達性読み書き障害の可能性が高いことが示されています。同時に，読み書きの正確性や計算の正答数について，同じ学年の子どもの基準値とどれくらい差があるのか，という視点でも結果を解釈します。各課題のいずれかが基準値よりも低ければ，読み書きや計算に関して何らかの困難さがある可能性があ

ります。しかし，どれぐらいの得点から指導が必要であるかについては，マニュアルに示されていません。それは，ある課題の得点が標準偏差の −1.5 の範囲内であっても問題がないとは言えず，たとえば標準偏差の −1 付近であっても支援が必要な場合もあるからです。

STRAW-R は，あくまで読み書きの学習到達度に関するスクリーニング検査ですので，発達性読み書き障害の診断や，発達性読み書き障害のある子どもの認知的要因の評価および指導やトレーニングを行うにあたっては，さらに詳細な検査の併用が求められます。たとえば，当該児童の読み書きの学習到達度が，全体的な知的発達の遅れによるものなのかどうかを確認するためには，知能検査を実施する必要があります。なぜ読み書きの習得が困難なのかを明らかにするためには，文字習得にかかわる認知検査，たとえば音韻意識を評価する検査（「LCSA」の項を参照）やRAN課題，視知覚認知検査，言語発達の検査などを実施する必要があります。

STRAW-R の結果から得られる読み書きに関する学習到達度と，上記のような詳細な検査の結果から得られる子どもの認知的要因を考慮して，それぞれの子どもに合った効果的な指導・支援を行います。

STRAW-R の旧版である STRAW を用いた研究では，発達性読み書き障害のある児童のひらがな・カタカナの書字および漢字音読・書取の特徴の分析や，指導法の検討などがなされています。これらは学術論文として発表されていますので，STRAW-R の結果を解釈する際には，参考にしてください。

〈水戸　陽子〉

LDI-R

Learning Disabilities Inventory-Revised　LD判断のための調査票

著　　者：上野一彦，篁倫子，海津亜希子
発　　行：日本文化科学社，2008年
キーワード：学習障害，学習行動上の特徴，プロフィール類型
一言紹介：我が国のLD定義に基づき，学習行動上の特徴を評定する調査票。小学1年生〜中学3年生の子どもを対象に，LDの有無についての可能性を予測する。

➡ なに

　小学1年生から中学3年生までを対象に，学習障害（LD）（現在では限局性学習症〔SLD〕とも表記されますが，ここではLDI-R発刊にかかる状況をふまえ，以下「LD」と表記します）のある子どもが示すことの多い学習行動上の行動特徴を示す項目に照らし合わせて，LDの有無についての可能性を予測する調査票です。

　日本では，子どもの学力の評価は，指導を通じた教師の評価に拠るところが大きく，通年的に測定できる基礎的学力の検査法のようなものが標準化されているわけではありません。そこで，学習のつまずきやLDのある子どもに認められる特徴から，子どもの基礎的学力の実態に近づき，LDの有無を検討することができる尺度として有用なのがLDI-Rです。

➡ どうやって

　対象となる子どもを実際に指導し，子どもの学習の状態を熟知している指導者や専門家が回答（記入）者となります。LDについて十分な知識と指導経験を有する教員や専門家が，採点および結果からの解釈を行います。

　対象となる子どもが小学生である場合，「聞く」「話す」「読む」「書く」「計算する」「推論する」という学習上の特徴を示す六つ

の領域と，「行動」「社会性」という行動上の特徴を示す二つの領域の，全8領域について回答します。子どもが中学生である場合，上記の小学生の6領域に「英語」「数学」の2領域が加わり，全10領域について評定します。

　これらの領域は，我が国において文部科学省が掲げているLDの定義（「学習障害とは，基本的には全般的な知的発達に遅れはないが，聞く，話す，読む，書く，計算する又は推論する能力のうち特定のものの習得と使用に著しい困難を示す様々な状態を指すものである」，学習障害児に対する指導について（報告），1999）に基づきます。

　質問項目は各領域8〜12問で構成され，それぞれの項目に「ない（1点）」「まれにある（2点）」「ときどきある（3点）」「よくある（4点）」の4段階で回答が行われます。たとえば，「聞く」の領域では，「音の聞き間違いがある（例：「はな」を「あな」，「知った」を「行った」と聞き間違える，など）」「相手の話を聞いていないと感じられることがある」などの項目，「話す」の領域では，「たどたどしく話す」「話すとき，抑揚が不自然だったり，声の大きさの調節が不適切だったりする」などの項目があります。

　各領域における学習や行動のつまずきは，粗点合計の高さとして示されます。算出された粗点合計は，換算表を用いてパーセンタイル段階に換算されます。50パーセンタイル

　相互的対人関係：コミュニケーションにおける非言語的な意思伝達や感情の表出・理解，対人的な関係性への洞察

　想像力：目的に沿った適切なものの使用や，そのものの物理的特徴を超えた創造的な使用，ふり遊び

　常同行動と限定的興味：普通でない感覚的な興味や常同行動・反復行動

　他の異常行動：多動，興奮，不安やかんしゃく，攻撃性やその他の否定的／破壊的行動の有無

➡ どうやって

　検査者がADOS-2を適切に使用するためには，研修を経て資格を取得することが必要であり，日本国内で検査を受けることができる機関も限られます。ADOS-2の各モジュールは，それぞれ10~15個の課題から成り立ちます。各課題では，使用する道具や検査者の教示や反応が厳密に規定されています。

　所要時間は使用されるモジュールによって異なりますが，40〜60分ほどです。モジュールＴと1では，養育者の同席が必須で，養育者と協力して実施される課題も含まれます。モジュール2でも養育者の同席が必要ですが，低モジュールほどには積極的に課題の実施に関与することはありません。モジュール3以上は，検査者と対象者の一対一で実施されます。

➡ どうする

　ADOS-2による最終的な診断分類の判定

は，上記の領域のうち，意思伝達，相互的対人関係およびこれら二つの合計点を用いて，「自閉症」「自閉症スペクトラム」「非自閉症スペクトラム」の3段階に区分されます。

　通常，専門家がADOS-2の評価結果を報告する際には，上記のADOS-2の診断分類の結果や比較得点（現行ではモジュール3以下のみ算出が可能です）のみならず，検査中に見られた子どもの対人的コミュニケーション，意思伝達行動をくわしく説明することが望ましいとされています。

　個々の子どもに対する指導法や適切な目標設定，支援計画の立案に際しては，上記の検査中に見られた行動の詳細が有益な情報となります。

　たとえば，モジュールＴから2では，子どもが検査者に向かって何かを要求する場面が多く設定されています。このような場面の観察から，子どもがどのような要求を行うのか，また，どのような場面で自分の関心や要求をより容易に伝えることができるかといった点に注目することで，別の要求行動の様式を指導する手掛かりとなります。

　モジュール3や4の場合，用いられている課題の性質上，直接的に指導に生かすことができる具体的な行動に関連する部分は多くありません。しかし，対人的コミュニケーションの様相（始発や他者の話題への反応など）や，典型的な人間関係における洞察の程度は，その子どもの社会性をうかがい知る上で重要な情報となります。

〈横田　晋務〉

ADI-R

Autism Diagnostic Interview-Revised　自閉症診断面接 改訂版

著　　　者：Rutter, M., Couteur, A. L. & Lord, C. ／ ADI-R 日本語版研究会監訳
発　　　行：金子書房，2013 年
キーワード：自閉スペクトラム症（ASD），生育歴，診断アルゴリズム，現在症アルゴリズム
一言紹介：社会的コミュニケーション，言語発達，限局した興味など，対象者の全般的な生育歴を主に養育者
　　　　　から聴取することにより，ASD の診断と現在の状態像について評価する。

➡ な　に

ADI-R は，子どもの生育歴についての養育者に対するインタビューから，自閉症を中心とする ASD の診断，もしくは現在の状態像や支援の効果について，包括的に評価するためのゴールドスタンダードとされる面接方法です。

ADI-R は ASD の医学的な診断基準をもとに，「言語と意思伝達」「社会的発達と遊び」「興味と行動」という三つの主要な機能領域について聴取するための，高度に標準化された面接方法です。

ADI-R では，対象者の発達歴全般に注目して評価する「診断アルゴリズム」と，対象者の過去 3 か月間の日常生活で観察された行動をもとに評価を行う「現在症アルゴリズム」という二つのスコアリング方法があります。これらの方法を用いることにより，客観性の高い診断のみならず，支援や個別の教育支援計画等の策定に有益な情報を多く得ることができます。

上記の三つの主要な機能領域のうち，一つ目の「言語と意思伝達」を評価する項目では，主に対人的な意思伝達を目的とした言語の使用や，常同的，限定的様式で使われる特異な言語的特徴，自発的な言語の程度などについて聴取を行います。

二つ目の「社会的発達と遊び」は，他者への接近の仕方や他者からの働きかけへの反応，他者の気持ちや感情，社会的文脈や共感の理解，対人的な遊びなど，他者との対人交流の質を評価する項目群です。

三つ目の「興味と行動」は，対象者に見られる行動や興味の反復的，または常同的な行動様式の有無とその程度についての項目です。特に，子どもの限局された興味や行動によって，家族や子どもの日常生活に支障を来すか否かということに焦点を当てて聴取します。

これらの主要な機能領域に加え，対象者の家族歴や初期発達，言語スキルやその他のスキルの喪失，攻撃性，自傷など，発達歴についての全般的な情報についても聴取し，総合的な評価を行います。

また，同様に ASD のスクリーニングとして ADI-R の姉妹編である「対人コミュニケーション質問紙（Social Communication Questionnaire; SCQ）」も開発されています。SCQ は，ADI-R よりも簡便に実施できるよう，ADI-R の項目に相応する質問を用いて構成されています。この質問紙の対象は 4 歳以上の子どもの養育者です。得られた回答を得点化し，その得点が一定の基準に達しているか否かで ASD の可能性について検討します。

● どうやって

　ADI-R は，2 歳から成人まで幅広い年齢層を対象とします。診断目的で実施する場合には，特に 4〜5 歳時点での子どもの行動に焦点を当てるため，子どもの養育者，もしくは対象者の 4 歳から 5 歳時をよく知る人物に対して，成育歴に関する詳細なインタビューを行います。その頃の子どもの様子について思い出す手掛かりとなるようなもの（日記や記録など）を持ってきてもらい，思い出しやすい状況での実施も可能です。また，複数の養育者や情報提供者が同席して実施することも可能です。実施時間は 90 分から 150 分です。

● どうする

　診断アルゴリズムを用いた評価の際には，それぞれの聴取項目で得られたエピソードを面接者がスコアリングし，それをもとに，上記の三つの主要機能領域と初期発達の特異性についての項目におけるスコアの合計点が，カットオフ値（定量的検査について，検査の陽性，陰性を分ける値）を上回るか否かで判断を行います。

　これら四つの領域すべてにおいて，カットオフ値よりも低い値が示された場合には，対象者が ASD である可能性は低いと判断します。また，四つの領域すべてにおいて，カットオフ値よりも高い値が示された場合には，ASD であることが強く示唆されることになります。

　さらに，これらの領域でカットオフ値を上回る領域とそうでない領域が混在する場合は，

以下の三つの可能性が考えられます。①対象者は ASD であるが，インタビュー時の誤差が原因で指定されたカットオフ条件を満たさない場合。②対象者には，ASD と診断されるまでの強い特性がない場合。この場合は，特定不能の神経発達症と評価されることがあります。③一つの領域のみがカットオフ値を上回り，かつその程度が小さい場合には，対象者は ASD ではない可能性が高いと考えます。しかし，「言語と意思伝達」の領域が上回っている場合には，結論を出す前に，他の診断ツールなどを用いて検討を行うことが重要です。

　現在症アルゴリズムでは，対象者の現在の状態像を評価するため，カットオフ値はありません。主に状態像の変化を評価する目的で用いるため，基準となるのはその対象者の以前のスコアです。このような現在症アルゴリズムにおけるスコアの変化から，介入や支援の効果，発達的変化や生活状況の変化による対象者の変化などを判断することが可能になります。

　ADI-R は，養育者や情報提供者など，対象者に関係の深い第三者からエピソードを得て評価するため，面接者は実際に対象者にかかわることなく評価を行います。ADI-R 自体は非常に客観性の高い診断が可能なツールではありますが，対象者を実際に観察するツールの結果と併せて判断することが重要です。特に，ツール間で結果が異なる場合は，子どもを直接観察する ADOS-2 などの評価結果を加味する必要があります。

〈横田　晋務〉

CARS2 （カーズ・ツー）

Childhood Autism Rating Scale Second Edition　小児自閉症評定尺度 第2版

著　　者：Schopler, E., Van Bourgondien, M. E., Wellman, G. J., Love, S. R.（日本語版作成：内山登紀夫, 黒田美保, 稲田尚子）

発　　行：金子書房，2020年

キーワード：自閉スペクトラム症（ASD），観察，標準版（CARS2-ST），高機能版（CARS2-HF）

一言紹介：子どもの観察や養育者への聞き取りにより，15の行動領域からASDの診断分類や重症度について評価する。

➡ なに

CARS2 は，もともと自閉スペクトラム症（ASD）児・者に対する支援プログラムである TEACCH プログラム（Treatment and Education of Autistic and Related Communication Handicapped Children and Adults）において，ASD 児とその家族のための導入的な診断法として開発された CARS の第2版です。CARS は，主に子どもや知能が平均域に満たない，もしくは意思伝達に著しい困難のある比較的重症例を評価することに使われており，CARS2 では，標準版（CARS2-Standard Version; CARS2-ST）として踏襲されています。第2版の最大の特徴は，この標準版に加え，高機能版（CARS2-High-Functioning Version; CARS2-HF）として，知能が平均範囲以上（推定総合 IQ が80以上）で流暢に話ができる対象者の評価に適したツールが加えられました。また，養育者から情報を得る場合には養育者用質問紙（Questionnaire for Parents or Caregivers; CARS2-QPC）が使用されます。

CARS-ST，CARS-HF では，表1・2にある15の行動領域を評定し，広範囲の ASD の特徴や症状を包括的に評価します。

上記二つのツールの行動領域は少し異なっており，これは，CARS-HF が比較的年長の対象者に用いられることが多く，より一般的

表1　CARS-ST の行動領域

	行動領域	説明
1	人との関わり	他者とのやりとりの様相
2	模倣	言語的，非言語的行動の模倣
3	情動反応	状況と情動的な反応の相応しさ
4	身体の使い方	身体運動の協調と適切さ
5	ものの使い方	おもちゃなどへの興味と使い方
6	変化への適応	ルーティン等の変更や切り替えの困難さ
7	視覚反応	普通でない視覚的注意のパターン
8	聴覚行動	普通でない聴覚行動や音への反応
9	味覚・嗅覚・触覚の反応と使い方	近接感覚刺激への反応と適切な使用
10	恐れや不安	普通でない，説明できない恐れや不安
11	言語性コミュニケーション	発話の特異性，奇妙さ，不適切さ
12	非言語性コミュニケーション	表情，姿勢，動作等の行動と反応
13	活動水準	制限のある場面とない場面での活動の様相
14	知的反応の水準とバランス	全面的な知的水準と個人内での得意不得意
15	全体的な印象	総合的な情報による評価者の主観的印象評定

表2　CARS-HF の行動領域

	行動領域	説明
1	対人的・感情的理解	他者の行動やコミュニケーションへの理解
2	感情の表現・制御	自分の感情を表現，制御する力
3	人との関わり	他者との直接的なやりとりの様相
4	身体の使い方	身体運動の協調と適切さ
5	遊びにおけるものの使い方	ものに対する興味と使い方
6	変化への適応・限局的な興味	ルーティン等の変更の困難さや限局した興味
7	視覚反応	視覚的注意や興味，アイコンタクトの使い方
8	聴覚反応	音への反応，その他の感覚との協調
9	味覚・嗅覚・触覚の反応と使い方	近接感覚刺激や痛みへの反応
10	恐れや不安	状況や文脈に不相応な恐れや不安
11	言語性コミュニケーション	言語の奇妙さ，相互的会話を継続する力
12	非言語性コミュニケーション	視線の使用，言語と表情，身振りなどの統合
13	思考・認知の統合スキル	概念的理解，情報を統合し全体を把握する力
14	知的反応の水準とバランス	全般的な知的水準と個人内での得意不得意
15	全体的な印象	総合的な表情による評価者の主観的印象評定

な内容が含まれているためです。また，特に対人的な能力に関連する項目（表2の1～3）については，他者の行動の背景にある感情理

解や他者視点の取得の力，対人的コミュニケーションで必要とされる自己調整（感情表現や制御）に関する力に焦点が当てられています。これは，より高機能な対象者の社会的コミュニケーションの様相をとらえられるように構成されているためです。

どうやって

CARS2 の評定ツールは，主に子どもへの直接観察や養育者面接により情報を得て，専門家が評定します。直接観察では，心理検査場面や教室等での日常の様子など，さまざまな場所で情報収集することができます。これらの観察，養育者面接以外でも，総合的な臨床記録やそれらを総合した情報に基づいて評定することも可能です。

CARS-ST は，上記の行動領域がすべて評定できれば，いずれか一つの情報源からでも評定が可能ですが，CARS-HF では複数の情報源からの情報が必要です。これは，子どもの行動がある一定の状況のみではなく，状況に依存せずに同様の行動が見られるかどうかを考慮する必要があるためです。また，いずれのツールも養育者に記入を求めてはならず，養育者から情報を得る場合には CARS-QPC と直接面接が行われます。

評定は，対象者の行動を同年齢の定型発達者の行動と比較し，各項目についてその行動の特異さの程度，頻度，強度，持続時間等を考慮しながら 1 ～ 4 点で評定がなされます。評点の内訳は以下のとおりです。

1　　その年齢の正常範囲内

1.5　その年齢としてはごく軽度の異常

2　　その年齢としては軽度の異常

2.5　その年齢としては軽度から中度の異常

3　　その年齢としては中度の異常

3.5　その年齢としては中度から重度の異常

4　　その年齢としては重度の異常

各行動領域の合計得点（粗点）を算出し，この得点が一定の基準を超えているかどうかで，ASD の有無，および重症度を判定します。また，ASD 集団内での対象者の位置がわかる情報として，T 得点やパーセンタイル順位も算出できます。

どうする

CARS2 は，ASD の診断的な仮説を立てたり，ASD のある子どもに対する支援や介入計画を立案したりする際に指針となるプロフィールを知るための手掛かりとすることができます。特に T 得点は，ASD と診断された集団の中での位置を示していますので，この得点は，その子どもの ASD 関連症状の強さ（重症度）を知るための重要な情報となります。

また，合計点による全体的な評価だけでなく，各項目の評点も，支援や介入のターゲットを考える上で非常に有用な情報となります。15 の行動領域を大きく五つ（対人的やりとり，コミュニケーション，限局的な興味のパターン・常同行動，感覚問題と関連機能，思考様式・認知問題）に分け，その子どものプロフィールを詳細に分析していくことも重要です。

〈横田　晋務〉

PARS-TR（パース・ティーアール）

Parent-interview ASD Rating Scale-Text Revision

著　　　者：発達障害支援のための評価研究会
発　　　行：金子書房，2018 年
キーワード：自閉スペクトラム症（ASD），養育者への面接，評定，幼児期ピーク，現在の症状
一 言 紹 介：3 歳以上の幼児から成人までを対象とし，ASD の特性の強さを把握するため，養育者に聞き取りを行う面接式の評定尺度。

➔ な　に

　PARS は，自閉スペクトラム症（ASD）の特性の強さを把握し，必要な支援の方向性を探ることを目的とした，養育者に聞き取りを行う面接式の評定尺度です。PARS-TR は既存の PARS に対し，評定段階や聞き方などを改訂したもので，評定する項目は従来の PARS と変わりありません。また，2018 年に用語の統一を図るため，一部表現が修正されました。

　PARS は，日本の専門家チームによって開発されたものです。ASD の主な特性である「対人関係」「コミュニケーション」「こだわり」「常同行動」「適応困難性」「過敏性」の 6 領域について，57 項目から構成されています。

　PARS の適用年齢は 3 歳以上の幼児から成人まで広く，就学前（幼児期），小学生（児童期），中学生以上（思春期・成人期）の年齢帯によって，質問項目数が異なります。行動特性が顕著だった幼児期ピーク時と現在の症状について，養育者から情報を収集しながら面接者が評定を行います。

　評定結果として PARS 得点が算出されます。その得点が PARS で定めた評定基準得点を超えるか否かによって，対象児・者が示す行動における ASD 特性の強さが判定されます。

　さらに，項目分析を通して，どの領域により困難さを抱えているのかがわかります。現在の症状に関する評定結果は，支援目標を立てる際に有効です。

　しかし，PARS の得点はあくまでも ASD の傾向を把握するものであり，確定診断を行うものではないことに，十分に留意する必要があります。

　養育者と面接し評定する形式である点で，養育者と面接者（支援する側）の間で，対象児・者の行動特性に関する共通認識を深めていくことができるというメリットがあります。実際の相談現場では，対象児・者に対する養育者の認識と支援する側の認識が一致しない場合に，対象児・者の行動特性について共通認識を図るねらいのもと，実施されることもあります。

➔ どうやって

　各項目に示されている行動が，幼児期の最も症状が顕著だったとき（幼児期ピーク）に見られたか否か／現在は見られるか否か（現在の症状）について，検査者が養育者に質問していきます。項目の行動が，幼児期にどの程度見られたか／現在見られるか，幼児期にどの場面で見られたか／現在見られるか，について丁寧に聴取していきながら，点数をつけ，総得点を算出します。総得点が PARS

の評定基準点を超えていれば，ASD の可能性が認められるということになります。

評定には，およそ 50 ～ 60 分ほどの時間がかかります。全 57 項目中 23 項目のみを実施する短縮版もあり，短時間で特性を把握する必要がある場合などに用いられます。

→ どうする

PARS は，対象児・者が示す行動特性が ASD によるものである可能性を把握するとともに，養育者と支援する側との間で対象児・者についての理解を深め，支援ニーズを把握し，支援計画を立てる上での手掛かりを見つけるのに，有効な評定尺度です。

ここでは事例を紹介します。幼稚園の年中組である A くんは，友達といっしょに遊べない，コミュニケーションが取れない，パニックを起こすなど，幼稚園での生活に困難さを示す男児です。養育者は，「A には何の問題もない，いずれ成長するだろう」という認識をしており，幼稚園側と養育者との共通認識が図られていない状況でした。そのため，A くんの支援ニーズに対する配慮や工夫がうまく実施されていない状況でした。

児童相談所に来談したときに，新版 K 式発達検査を実施したところ，実年齢 5 歳 1 か月時に，発達年齢は 2 歳 6 か月，発達指数は 42 でした。特に「言語・社会」領域において遅れが顕著であり，検査者との視線が合わない，オウム返しが見られる，検査道具を片づけられるとパニックを起こすなどの行動が確認され，知的発達の遅れを伴う ASD の可能性が疑われました。

A くんの検査場面での様子を見た養育者は，少しは不安を感じつつも，「お家ではできる」「気分が乗らなかっただけかもしれない」という感想を述べられました。

2 回目の来談時に，PARS を実施しました。実施のねらいは，A くんの行動特性が ASD によるものである可能性について確認し，A くんの行動特性について養育者の理解を促すことでした。

評定の結果，幼児期ピーク得点は 23 点（評定基準点は 9 点以上）であり，ASD がかなり強く示唆される結果になりました。養育者に A くんの日常の様子について質問し，聞き出していくうちに，「そういえば，あまり私たちといっしょにおもちゃで遊ぼうとしなかった。でも，それが普通だと思っていた。今思うと，やはり（他の子どもと）違ったな」という言葉が養育者から聞かれ，普段見過ごしていた A くんの行動について気づき，配慮や支援を必要とする A くんについて理解しはじめる様子が見られました。

現在の症状に関する評定結果を合わせて，困難さがある項目の詳細を見ると，興味のあるものを他の人と共有するといった，人との相互作用の少なさが目立ちました。そこで，A くんが好きなおもちゃを介して，養育者と相互作用する楽しさを感じることを支援目標に設定しました。

A くんの事例のように，PARS の結果からは，ASD の可能性に関する判断のみならず，今どのような支援が対象児・者に必要なのかについて重点を置き，結果を解釈していくことが大切でしょう。

〈李　　熙馥〉

SRS-2

Social Responsiveness Scale Second Edition　対人応答性尺度

著　　　者：Constantino, J. N. & Gruber, C. P. ／神尾陽子監訳・編著
発　　　行：日本文化科学社，2017 年
キーワード：自閉スペクトラム症（ASD），社会性，対人的相互行動
一言紹介：65 項目から成る 4 件法のリッカート尺度で，対象者の日常生活をよく知る者の評定によって，
　　　　　　ASD に関連する社会性の程度を客観的に測定する。

➡ な に

　自閉スペクトラム症（ASD）に関連する症状としての社会性の程度を客観的に測定する尺度です。2 歳半から成人までを対象に評定できる 4 種類のフォームがありますが，日本版は幼児版（2 歳半〜4 歳半）と児童版（4 歳〜18 歳）の 2 種類が作成されています。

　他に，成人版（19 歳以上）として他者評定用と自己評定用の 2 種類がありますが，現時点で日本版の確定には至っていません（いずれも質問項目が翻訳され，標準化の研究が行われています）。日本版は，2005 年に米国で出版された SRS 初版，およびその改訂版である SRS-2（2013 年）をもとに刊行されました。

➡ どうやって

　対象者の日常的な状況での対人的ふるまいをよく知る人が評定を行います。幼児版と児童版は，主に養育者や教員が評定を行うことが想定されています。環境の違いや評定者バイアスの影響を考慮し，できるだけ複数の評定者からの情報収集が推奨されています。

　プロフィールシート，質問用紙，ワークシートがセットになっています。複写式の質問用紙により評定結果がワークシートに転写される点や，プロフィールシートに粗点と T 得点の対応表が記載されている点などにより，

採点や解釈を簡便に行うことができます。

　評定者は，65 の質問項目について，1「あてはまらない」，2「ときどきあてはまる」，3「たいていあてはまる」，4「ほとんどいつもあてはまる」の中から，出来事の頻度を選択します。各項目は下記五つの治療下位尺度に属します。幼児版と児童版に共通する質問項目の例を，治療下位尺度ごとに以下示します。

　1. **社会的気づき**：社会的な手がかりを拾い上げる能力（対人的相互行動の感覚的な側面）【例：話している内容と，顔の表情が一致しない。2 人の人が話をしているとき，その間に割り込んで歩く。など】

　2. **社会的認知**：社会的な手がかりを解釈する能力（対人的相互行動の認知的・解釈的な側面）【例：人が自分を利用しようとしていることに気づかない。過度に疑い深い。など】

　3. **社会的コミュニケーション**：社会的な手がかりに反応し表出する能力（対人的相互行動の運動的な側面）【例：大人と親しく関わることが難しい。他の子どもが一緒に遊びたがらない。など】

　4. **社会的動機づけ**：社会的，対人的行動に参加するのにどの程度動機づけられているか【例：人といるより，ひとりでいることを好む。言われないと集団活動に参加しない。など】

　5. **興味の限局と反復行動**：常同行動，極

めて限局された興味の範囲【例：他の子ども
と比べて，いつもの決まったやり方や順序を
変えることが難しい。手をひらひらさせたり，
身体を前後に揺り動かす等，反復的で変わっ
た動作をする。など】

　治療下位尺度ごとに評定値を合計し粗点を
求めた後，1.～4.の治療下位尺度の粗点を合
計してSCI（社会的コミュニケーションと対人的
相互交流）粗点を，五つすべての治療下位尺
度の粗点を合わせてSRS-2合計粗点を，そ
れぞれ算出します（5.の粗点はそのままRRB
〔興味の限局と反復行動〕粗点となります。SCIと
RRBの区分は，アメリカ精神医学学会による
DSM-5のASD診断基準に対応しています）。最
後に，各粗点をT得点に換算します。T得点
は，平均が50，標準偏差が10となるように
設定されていますので，対象者の状態像を相
対的に位置づけることが可能となり，教育や
臨床現場での理解に役立ちます。T得点は，
下記のように解釈されます。

　T得点59以下：正常範囲内。臨床的に意
味のあるASDを伴わない。

　T得点60-65：軽度の範囲。臨床的に意味
があり，日常の対人的相互交流に軽度から中
等度の支障を引き起こすかもしれない対人的
相互行動の困難を示す。

　T得点66-75：中等度の範囲。臨床的に意
味があり，日常の対人的相互交流に相当の支
障を引き起こす対人的相互行動の困難を表す。

　T得点76以上：重度の範囲。臨床的に意
味があり，日常の対人的相互交流に重度の支
障を引き起こす対人的相互行動の困難を示す。

➡ どうする

　この尺度によって測定される社会性の程度

は，ASDのスペクトラム性に対応するよう
に幅広く，各発達年齢にある一般集団におい
ても連続的に分布するものです。診断の有無
といった二分性ではなく，症状の程度を複数
の他者視点で特徴づけ数値化することが可能
な点が，この尺度の特徴です。

　たとえば，学校で教員がある児童の対人的
なふるまいの様子に違和感をもったとします。
母親によれば，対象児は幼少期から同年代の
友達とのかかわりが苦手ではあったものの，
大人との一対一でのやりとりでは落ち着いて
対応できることも多かったそうです。それで
も心配した母親は療育機関に相談をしたこと
もありましたが，構造化された面接室でのや
りとりの中では対人的な難しさはあまり観察
されず，日常的に大きな問題行動もなかった
ことから，以降定期的な相談や医療とはつな
がらなかったとのことでした。

　そこで，母親と教員がそれぞれSRS-2を
用いて評定を行ったところ，総合T得点は母
親の評定が64で軽度，教員の評定が72で中
等度の範囲でした。おそらく，年齢や環境の
変化によって対人関係が複雑化し，同年齢の
集団の中で対象児の社会性に関する特異性が
目立つようになったのかもしれません。評定
結果をもとに，学校と家庭とで話し合いの場
を設け，それぞれでの対象児の様子を共有し
合い，声がけをできるだけ具体的にしたり，
他者の言動の意味を解説したりするような，
今後のかかわりの方向性を確認しました。

　現在の対象児は，依然として対人的なふる
まいに特徴は見られるものの，クラスメイト
との良好な関係の中でストレスを感じること
なく，落ち着いて過ごせています。

〈滝吉美知香〉

AQ

Autism Spectrum Quotient　自閉症スペクトラム指数

著　　　者：Baron-Cohen, S., Wheelwrights, S., Skinner, R., Martin, J., Clubley, E.（日本版作成：若林明雄）

発　　　行：三京房，2016 年

キーワード：自閉スペクトラム症（ASD），スクリーニング，自己評定，他者評定

一言紹介：6 歳から 15 歳の子どもおよび 16 歳以上の成人を対象とした 50 問から成る質問紙で，自閉症スペクトラム指数（AQ）から，自閉症傾向を測定する。

なに

AQ は，個人の自閉症傾向を測定するための質問紙で，高機能自閉症やアスペルガー障害を含む ASD のスクリーニングにも使用できます。「社会的スキル」「注意の切り替え」「細部への関心」「コミュニケーション」「想像力」の 5 領域，全 50 問の質問項目から構成され，児童用（6 歳〜15 歳）および成人用（16 歳以上）があります。

実施所要時間が短く，採点も簡便であることから，臨床や研究によく用いられています。AQ のカットオフ値（定量的検査について，検査の陽性，陰性を分ける値）を超える場合には，ASD の可能性が示唆され，詳細な診断を受けることが推奨されます。

「自閉スペクトラム症」という概念は，社会的・コミュニケーション障害と特定の対象・事象への極端な注意・行為の固執という，自閉症に特有の特徴群の程度について「連続体（スペクトラム）」を想定し，典型的な自閉症と定型発達を両端として，その次元上に個人を位置づけるという考え方に基づいています。AQ は，この概念に基づき，Baron-Cohen らによって 2001 年に開発されました。質問項目は ASD に特徴的な症状である「社会性の障害」や「コミュニケーションの障害」「想像性の障害」の各領域と，自閉症に認められる認知的偏りなどの内容から構成されています。なお，AQ が開発された当時は診断基準として DSM-IV-TR が一般的に用いられており，そこでの「自閉性障害」の診断基準に準拠して作成されていますが，基本的には現在の診断基準の内容と大きな違いはありません。

AQ は，知的障害を伴わない成人の自閉症傾向（特性）あるいはその幅広い表現型の程度を測定できる尺度として，ASD に当てはまるかどうかや個人の障害の程度，精密な診断を行うべきか否かといった臨床的スクリーニングに用いられるだけでなく，定型発達者の ASD 傾向の個人差を測定できるなど，臨床と研究の両面で有益であるとされています。

AQ 日本語版は 2016 年に発行されました。対象者の年齢によって，児童用と成人用に分かれます。

児童用は，小学生から中学生の学童期の年齢群（6 歳〜15 歳）を対象としています。ただし，実質的には幼稚園年長組程度（5 歳以降）であれば使用可能とされています。回答は，対象者をよく知る他者（一般的には養育者）が行う他者評定式となっています。

一方，成人用は，知的障害のない 16 歳以降の青年・成人を対象としています（ただし，実質的には中学校卒業程度である 15 歳以降であれば使用可能）。回答は，対象者自身が回答する

自己評定式となっています。

　AQ の構成内容は，児童用および成人用で基本的には同じで，自閉症症状を特徴づける五つの下位尺度（「社会的スキル」「注意の切り替え」「細部への注意」「コミュニケーション」「想像力」）から構成されています。質問項目は各下位尺度に 10 問ずつ配置され，全体で 50 項目から成ります。回答は強制選択法（4 選択肢）で，採点では各項目で自閉症傾向を示すとされる側に該当すると回答された場合に 1 点が与えられます。各下位尺度および全項目の合計として AQ 得点が算出されます。

➡ どうやって

　知的障害のない児童および成人が対象です。回答は，児童用は対象者をよく知る他者が行う一方，成人用は対象者自身が行います。各質問項目について，「当てはまる」「どちらからといえば当てはまる」「どちらかといえば当てはまらない」「当てはまらない」の四つの選択肢から回答します。所要時間はどちらも 10 分程度です。

　採点では，四つの選択肢から得られた回答を，「当てはまる」と「当てはまらない」の 2 段階にまとめ，自閉症症状の特徴があれば 1 点，なければ 0 点と採点します。全 50 項目のうち，自閉症の特徴を示した項目数の合計が AQ 得点となります（得点は 0 点～50 点の分布）。加えて，五つの下位尺度の各々の得点も算出されます（各下位尺度の得点は 0 点～10 点の分布）。

➡ どうする

　AQ は評価対象者の ASD 傾向を測定する

目的で使用されます。AQ 得点には，児童用，成人用のそれぞれでカットオフ値が示されており（児童用で 25 点，成人用で 33 点），それを超える場合には ASD の可能性が高まることから，詳細な診断を受けることが推奨されます。なお，各下位尺度にもカットオフ値が設定されていることから，どの領域に問題があるか概略的に把握することも可能です。

　また，定型発達者群でもカットオフ値を上回った者の多くが，高校卒業までに孤立やいじめ，友人関係が苦手といった社会的コミュニケーション上の問題があったことが示唆され，定型発達者でも AQ 得点が高得点の場合には ASD 傾向の顕著さが社会適応上問題になりうることが指摘されています。このことからは，AQ は臨床的なスクリーニング以外に，学校での適応相談などにも利用可能であることが考えられます。

　AQ を用いる際の留意点としては，特に成人用が自記式であるため，ASD のある者であっても自身の特性にあまり気づいていない場合などには低得点となることがある点です。また，パーソナリティ障害など他の精神疾患で高得点になることもあります。したがって，あくまで AQ はスクリーニングであることを理解し，確定診断には他の検査も用い国際的な診断基準によってなされる必要があります。また，AQ は知的障害のない者を対象としていることにも留意する必要があります。知的障害を伴う場合のスクリーニングとしては ADI-R や CARS2 など複数の方法があることから，対象の条件に合わせて使い分けることが必要です。

〈鈴木　恵太〉

Conners 3 （コナーズ・スリー）

Conners 3　日本語版 DSM-5 対応

著　　　者：Conners, C.K.（日本版作成：田中康雄監訳）
発　　　行：金子書房，2017 年
キーワード：注意欠如多動症（ADHD），児童・青年，反抗挑発症，素行症
一言紹介：DSM-5 の診断基準に基づいて ADHD の症状の程度をとらえる質問紙である。対象年齢は 6 歳から18 歳で，反抗挑発症や素行症との関連もとらえられる。

● な　に

6 歳～18 歳の子どもを対象とした ADHDの行動特性を把握するための質問紙です。Conners によって作成された質問紙で，アメリカ精神医学会の DSM-5 の診断基準に準拠して作成されているという特徴があります。そのため，診断の補助としても使用できるという特徴もあります。なお，18 歳以上のADHD のある成人の評価のためには，CAARS があります。

Conners 3 は，基本的に ADHD の行動評価として使用されますが，この障害と近似している反抗挑発症や素行症といった行動に関する障害の評価にも使用できます。また，実行機能の課題や学習上の課題，攻撃性，不安や抑うつといった特性をもつ子どもの評価にも使用することができます。

Conners 3 は，回答する人の立場の違いによって，養育者用，教員用，本人用，の 3 種類に分類されます。Conners 3 は，1 人の子どもの一つの行動に対して，これら三つの立場から評価を行うことが可能です。このことによって，診断評価だけではなく，本人がどのように自分の行動をとらえているのか，周囲の重要な支援者である家族や教員とのとらえ方の差を明らかにすることもできます。評価する対象は，過去 1 か月の行動となります。

したがって，1 か月以上子どもとかかわっている教員でなければなりません。また，各項目に対して，過去 1 か月の間に，「全然当てはまらなかった（まったく，めったに）」から「とてもよく当てはまった（とてもしばしば，とても頻繁に）」までの 4 段階評価となっています。

ADHD は年齢や性別によって行動の現れ方が異なっています。このことを勘案して，結果は性別と年齢（11 歳までと 12 歳以上）によって区分されています。

検査項目は，養育者用が 110 項目，教員用が115 項目，本人用が 99 項目です。ただし，本人用に限り，適用年齢が 6 歳からではなく，8～18 歳となっています。これらの項目への回答が計算されて，スケールが算出されます。中心的なスケールは，「主要因スケール」と「DSM-5の症状スケール」「回答パターン分析」です。

「主要因スケール」は，以下の六つの要因から構成されています。「①不注意」「②多動性／衝動性」「③学習の問題」「④実行機能」「⑤挑戦性／攻撃性」「⑥友人／家族関係」です。①と②は ADHD の中核的な症状を示します。③と④は学習に必要な能力（記憶力など）の程度や学習への影響の程度，物事を計画的に順序立てて遂行することを示します。⑤は対人的な攻撃性を示します。⑥は対人関係を構築・維持する能力や家族との関係の良

好さを示します。養育者用，教員用，本人用のそれぞれで構成される「主要因スケール」の種類は異なります。

「DSM-5 の症状スケール」は四つの要因から構成されています。「① ADHD 不注意」「② ADHD 多動性・衝動性」「③素行症」「④反抗挑発症」の四つです。DSM-5 では，ADHD は，不注意が優勢の型と多動・衝動が優勢の型，両者が混合している型に分類されています。①と②はそれらの程度を示します。③と④は，それぞれ素行症，反抗挑発症の症状の程度を示す指標です。

「回答パターン分析」では，過度に評価が好印象もしくは悪印象になっていないかを評価するスケール（「①好印象」「②悪印象」）があります。また，「③矛盾指標」は項目間で矛盾した回答をしており，信用性が低くないかを判定する指標です。これらはいずれも回答の妥当性を測るものです。

また，「主要因スケール」と「DSM-5 の症状スケール」ではＴ得点を出すことができます。Ｔ得点を使用すると，同じ年齢・性別の集団と比較してどの程度であるのかがわかります。平均的（ADHD ではない子どもも含んだという意味）なＴ得点は 40〜59 です。

➡ どうやって

養育者用，教員用，本人用それぞれ約 20 分で行うことができます。回答者が，回答用紙に書かれた質問に自分で記入していくものです。

➡ どうする

ADHD の症状だけではなく，関連する障害の症状を網羅していますので，行動の理解に役立ちます。また，学習の問題や実行機能についてのスケールがあるので，教育的支援に生かすことができます。

Ｍくんのプロフィールが以下のとおりであったとします。Ｍくんは 9 歳の男の子です。Conners 3 の結果は以下のとおりでした（点数は各スケールの粗点）。「①不注意」は 18 点，「②多動性／衝動性」は 20 点，「③学習の問題」は 9 点，「④実行機能」は 5 点，「⑤挑戦性／攻撃性」は 3 点，「⑥友人／家族関係」は 2 点でした。DSM-5 の症状スケールでは，「① ADHD 不注意」と「② ADHD 多動性－衝動性」のＴ得点が高く，「③素行症」「④反抗挑発症」は平均的なＴ得点でした。

このことから，Ｍくんは混合型の ADHD であることがうかがわれました。また，学習の課題はあるものの他者への攻撃性などには影響が出ておらず，素行症や反抗挑発症のＴ得点も低いことから二次障害に至ってはいないということが明らかとなりました。

このように，ADHD のタイプや症状の程度について理解することができます。特に，ADHD の中でも不注意優勢型の子どもは，多動性や衝動性が少ないため目立ちにくく，子どもが抱える課題が周囲の大人に伝わりにくいという特徴があります。このような子どもの支援ニーズを把握するためにも有効に利用することができます。

ADHD のある子どもは二次障害があることが多いですので，その点を評価できることや，素行症，反抗挑発症といった二次障害と関連が深い症状との関連も知ることができるのが，この質問紙の特徴です。

〈廣澤　満之〉

CAARS (カーズ)

Conners' Adult ADHD Rating Scales

著　　　者：Conners, C. K., Erhardt, D. & Sparrow, E.（日本版作成：中村和彦監修／染木史緒，大西将史監訳）
発　　　行：金子書房，2012 年
キーワード：注意欠如多動症（ADHD），成人，自己記入式，観察者記入式
一言紹介：「不注意／記憶の問題」「多動性／落ち着きのなさ」「衝動性／情緒不安定」「自己概念の問題」といった，18 歳以上の ADHD 者の症状や行動の程度を測定します。

⊃ な　に

　18 歳以上の注意欠如多動症（ADHD）を対象とした，症状の程度を測定する検査です。Conners によって開発され，ADHD の中核的な症状を評価できます。ADHD の診断は，主として ICD-10（世界保健機関が作成）と DSM-5（アメリカ精神医学会が作成）のどちらかが使用されます。いずれも ADHD の場合，小児の行動を基本に作成されているので，成人の場合は評価することが困難であるという特徴があります。ADHD は，一部の行動が成人期には見られなくなったりすることで，小児期とは異なった課題が現れます。CAARS は，成人の症状も評価できるという点が特徴です。なお，6 〜 18 歳の評価については Conners 3 で行うことができます。

　CAARS は，通常版と短縮版，スクリーニング版がありますが，日本では通常版が翻訳されています。評価は，自己記入式と観察者記入式に分かれています。これは，同じ行動であっても，本人がどのようにとらえているかと，他者（養育者や教員など）がどのようにとらえているかには違いがあり，その違いを通して多面的に支援を考えていくためです。また，ADHD は，性別や年齢によって症状の現れ方が異なってきます。したがって，CAARS では，それらも考慮した結果が出さ

れます。自己記入式（本人），観察者記入式のどちらでも 66 項目が設定されています。また，66 項目は九つの下位尺度に分類されます。

　下位尺度は，以下のとおりです。「①不注意／記憶の問題」は，物を整理したり，記憶したりするといった集中力についての尺度です。「②多動性／落ち着きのなさ」は，動き回ることや作業を続けることの困難といった多動性についての尺度です。「③衝動性／情緒不安定」は，気分の変わりやすさやイライラするといったことを示す尺度です。「④自己概念の問題」は，自尊心の低さといった問題に関する尺度です。これら四つの尺度は，ADHD の中核的な症状となります。

　DSM-5 では，ADHD は，不注意が優勢の型，多動・衝動が優勢の型，両者が混合する型，という 3 種類に分類されています。それらを評価するのは，「⑤ DSM-Ⅳ　不注意型症状」「⑥ DSM-Ⅳ　多動性 - 衝動性型症状」になります。そして，それらを総合した下位尺度が「⑦ DSM-Ⅳ　総合 ADHD 症状」となります（作成された年代の関係上，DSM-Ⅳに準拠しています）。また，「⑧ ADHD 指標」は，ADHD の成人とそうではない成人を識別するための下位尺度です。

　これらの他に「⑨矛盾指標」があり，この点数が高いと回答の仕方に一貫性がなかった

り，不注意な状態で回答したりといったことを識別できます。

それぞれの尺度の点数はプロフィール表でT得点（平均が50，標準偏差が10で，正規分布に従うように変換した得点）に変換されます。T得点が65を超える尺度は，臨床的に意味があると考えることができます。

→ どうやって

自己記入式の場合は本人が，観察者記入式の場合は保護者や教員など本人のことをよく知っている人が，質問紙に記入します。いずれの場合も30分ほどの時間で記入することができます。

→ どうする

ADHDの症状を網羅しているという特徴があり，どこに課題をもっているのかということが見やすいです。また，観察者用との差を検討することで，本人が困っていること，周囲の他者が困っていることといった，それぞれの人が主観的に困っていることを明らかにできるというメリットがあります。

ADHDは，多動や衝動の症状のうち，目立ちやすい症状があります。一方で，目立たないものの，その人が困っていることにつながっている症状は，目立ちやすい症状に隠れてしまいがちです。そのような症状を明確にできる点も大きな特徴です。

Mさんのプロフィールが以下のとおりであったとします。Mさんは，35歳の男性です。CAARSを行った結果（カッコ内はT得点），「①不注意／記憶の問題」は22点（73），「②多動性／落ち着きのなさ」は16点（64），「③衝動性／情緒不安定」は10点（52），「④自己概念の問題」は14点（74）でした。また，

「⑤ DSM-Ⅳ　不注意型症状」は21点（88），「⑥ DSM-Ⅳ　多動性－衝動性型症状」は10点（66），「⑦ DSM-Ⅳ　総合ADHD症状」は31点（82），「⑧ ADHD指標」は19点（71）でした。さらに，「⑨矛盾指標」は3点であり，回答には一貫性がありました。

この結果から，MさんはADHDである可能性が非常に高いことが明らかになりました。また，プロフィールを細かく見ていくと，特に高いのは，「①不注意／記憶の問題」「④自己概念の問題」「⑤ DSM-Ⅳ　不注意型症状」であり，多動性や衝動性は臨床域ではありませんでした。このことから，Mさんは不注意優勢型のADHDであると考えられます（実際の診断は医師が行います）。また，「④自己概念の問題」の得点が高いことから，Mさんは自尊感情の低下が著しいことが理解できます。

ADHDは，青年期になると二次障害を伴うことが多くなります。自尊感情とは，自分が価値のある存在であると感じているかを示します。この検査は，ADHDの症状を評価するだけではなく，二次障害を伴っているかを評価するためにも有用です。

観察者用は，母親に記入してもらいました。その結果，全体的な傾向は，自己記入式と変わりませんでしたが，「③衝動性／情緒不安定」は19点（65）であり，「④自己概念の問題」は8点（61）でした。つまり，母親は本人が感じるより衝動的な行動や情緒の不安定さを感じている一方で，本人よりも自尊感情の低下を感じていないことがわかりました。このように，本人と周囲の認識の差を明らかにすることができます。

〈廣澤　満之〉

ADHD-RS

ADHD Rating Scale

著　　者：DuPaul, G. J., Power, T. J., Anastopoulos, A. D. & Reid, R.（日本版作成：市川伸宏, 田中康夫 監修／坂本律訳）

発　　行：明石書店, 2008 年

キーワード：注意欠如多動症（ADHD），スクリーニング，学校版，家庭版

一言紹介：ADHD のスクリーニング，診断，治療成績の評価に用いられるスケールで，「不注意」，「多動性／衝動性」に関する 18 項目から構成されている。

➔ な　に

ADHD-RS は，5 歳から 18 歳の子どもを対象とした行動評価質問紙で，ADHD のスクリーニング，診断，治療成績の評価に用いられる ADHD 評価スケールです。

質問紙は，DSM-Ⅳの診断基準をもとに，「不注意」と「多動性・衝動性」の二つのサブスケール，全 18 問の質問項目から構成され，4 段階のリッカート・スケール（提示された文に，どの程度合意できるかを回答する）で評定されます。学校版と家庭版があり，各々，得点からパーセンタイル値を算出し評価に用います。

DuPaul らにより開発された行動評価スケールである ADHD-RS-IV は，米国の大規模集団を対象に，因子分析から症状の 2 面的モデルに即応していることを確認し，再テスト法や観察者間一致率，内部一貫性，基準関連妥当性，判別的妥当性などが検証されています。日本語版はこの ADHD-RS-IV をもとに，因子分析，標準化，標準データ，信頼性と妥当性が検証されたのち，日本語版評価スケール「ADHD-RS」として発表されています。

質問紙は，「学業において綿密に注意することができない，または不注意な間違いをする」などの不注意に関する「不注意」サブスケール（9 項目）と，「手足をそわそわと動か

し，またはいすの上でもじもじする」などの多動 - 衝動性に関する「多動性 - 衝動性」サブスケール（9 項目）から構成され，各サブスケールの質問項目が交互に配置される構成となっています。

教員が評価する学校版と，養育者が評価する家庭版がありますが，いずれも同じ質問項目から構成されており，評価対象の子どもの行動の様子から回答していきます。二つのサブスケールとそれらを合計した合計スケールの得点（素点），パーセンタイル値，カットオフ値（定量的検査について，検査の陽性，陰性を分ける値）をもとに評価を行います。

ADHD-RS は，項目数が少なく短時間で回答できること，採点や評価が簡便なこと，さらに尺度としての信頼性，妥当性が確認されていることが特徴としてあげられます。DuPaul は，ADHD-RS の利点として，①診断可能性のある青少年のスクリーニングを容易にする，② ADHD の包括的診断評価の中で，養育者，教員からの症状報告をする手段となる，③ ADHD の治療効果を明らかにする，という 3 点を強調した上で，絶対に ADHD-RS のスコアのみで ADHD を診断しないことを強調しています。

➔ どうやって

教員が回答する学校版と，養育者が回答す

る家庭版があります。すべての質問項目について「最近6か月間（または教員が子どものことを知っている期間が6か月未満の場合は学年初頭から）の子どもの行動の様子」について，「ない，もしくはほとんどない」「ときどきある」「しばしばある」「非常にしばしばある」の四つの選択肢から回答します。

　得られた結果は，各質問項目について「0点（ない，もしくはほとんどない）」から「3点（非常にしばしばある）」までを割り当て，不注意，多動性－衝動性の各サブスケールおよび合計スケールの粗点を算出します。さらに「スコア分析シート」を用いてパーセンタイル値に変換します。原著版ではパーセンタイル値によるカットオフ値も示されています。

➡ どうする

　ADHD-RS では，「不注意」「多動性－衝動性」のサブスケールと合計スケールの三つの指標について，粗点，パーセンタイル値，さらにカットオフ値との関連から評価されます。粗点およびパーセンタイル値の高さはADHD 傾向の強さを表し，3指標の成績から不注意，多動性－衝動性の特性を評価していきます。また，信頼性変動指数（Reliable Change Index；RCI）を用いて，治療や指導の効果評価を行うこともできます。RCI は治療や指導の前後のスコアの差を，二つの検査スコアの差の標準誤差で除した値であり，RCIが 1.96 を超えれば統計学的に有意（$p < .05$）と判定されます。

　指導効果の評価に ADHD-RS を用いた一例を紹介します。ADHD 診断のある A くん（8歳，通常の学級在籍）は，指示に従ったりそ

表 1　支援前後における家庭版スコア

サブスケール	支援前	支援後	RCI
不注意	19	13	1.69
多動性 - 衝動性	21	15	2.16
合計	40	28	2.04

の場で求められる行動がうまく取れなかったりするなど行動のコントロールに課題が見られた児童で，特に家庭での行動コントロールが難しく，養育者が感じる困難さが大きくなっていました。そこで，ペアレント・トレーニングを主とし，かつ学校とも連携して，支援を行うこととしました。支援の開始前と終了後に養育者によって評価された ADHD-RS の結果を表1に示します。

　二つのサブスケールにおいて，支援の前後でいずれも6点のスコア改善が見られました。RCI を見ると，「多動性－衝動性」は有意水準（1.96）を超えていますが，「不注意」では超えていません。したがって，「不注意」の特性に関しては統計学的に信頼できる効果は見られなかったものの，「多動性－衝動性」の特性で認められた改善は，ペアレント・トレーニングを中心とした支援の効果と考えられました。

　効果的な指導／支援にあたっては，スクリーニング調査の結果だけでなく，他のアセスメントや，学習面や生活行動面の実態などをふまえて，総合的に判断することが必要です。また，スクリーニング検査法は，その長所と短所をふまえ，短絡的な障害名のレッテル貼りにならないよう，正しく活用することが大切です。

〈鈴木　恵太〉

感覚プロファイル

Sensory Profile

著　　　者：Dunn, W. 〔日本語版：辻井正次監修／萩原拓，岩永竜一郎，伊藤大幸，谷伊織作成〕
発　　　行：日本文化科学社，2015 年
キーワード：神経学的閾値，行動反応・自己調節，感覚処理，調整，情動反応
一言紹介：3 歳から 82 歳（主に 5 歳から 10 歳）を対象とし，養育者等による回答から，感覚の処理や反応を
　　　　　評価する質問紙ツール。感覚の様相を低登録，感覚過敏，感覚探求，感覚回避の 4 象限でとらえる。

なに

感覚プロファイルは，さまざまな感覚処理やその感覚への反応の特徴を知るために有用なツールです。感覚プロファイルでは，感覚処理理論のモデルに基づき，感覚処理を神経学的閾値と行動反応・自己調節との関連から評価することが大きな特徴です。

神経学的閾値は，子どもが行動を起こすために必要な感覚刺激の量と言い換えられます。たとえば同じ音の大きさでも，その音をうるさいと感じる子どももいれば，静かと感じる子どももいます。この場合，うるさいと感じる子どもは閾値が低く（必要とする音は小さくてよい），静かだと感じる子どもは閾値が高い（もっと大きな音を必要とする）といえます。閾値が高い状態を馴化，低い状態を鋭敏化といいます。通常，それぞれの感覚刺激に対しては，この馴化と鋭敏化がバランスよく調整されており，必要のない感覚刺激（たとえば，服の感覚や廊下の音，唾を飲み込む感覚など）は馴化され，無視されます。一方で，意味のある刺激（煙の匂い，サイレンの音など）は，鋭敏化され，たとえわずかな刺激でも，すぐに気づき，安全な行動を取ることにつながります。

一方，行動反応・自己調節とは，各感覚刺激に対して，その子どもに引き起こされる行動を示します。これは大きく，受動的反応，能動的反応の二つに分けられます。受動的反応は，その刺激が生じてから行動を起こす傾向を示し，能動的反応は反対に自分からその刺激を求める，積極的に回避する傾向を示しています。たとえば，音に対する受動的反応では，その刺激に圧倒されてしまったり，不快な感覚入力に対して文句を言ったりするといった行動が見られます。一方で，能動的反応では，その音が出るように周囲のものを叩いたり，繰り返し音を求めたりします。受け取る音を能動的に減らすために引きこもったり，その音が生じている場所に近づかなかったり（回避）といった行動も能動的反応に含まれます。

以上のような，神経学的閾値と行動反応・自己調節から，図1のような4象限の感覚処理パターンが想定されます。

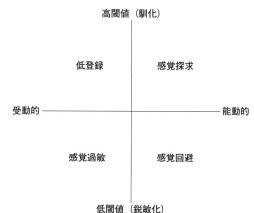

図 1　神経学的閾値と行動反応・自己調節との関連
（Dunn, 1997 より筆者が改変）

感覚プロファイルでは，このような4象限のスコアに加え，感覚処理を「感覚処理」「調整」「行動や情動反応」の3領域からとらえるセクション別スコア，過剰反応や低反応といった特徴的な項目を特定するための因子スコアを算出することができます。これらのスコアにより，対象者の感覚処理を多面的に評価することができます。

→ どうやって

感覚プロファイルは，3歳から82歳に適応することができますが，最も適した年齢層は5歳から10歳です。3歳よりも小さい子どもを対象とする場合は，乳幼児感覚プロファイル（Infant/Toddler Sensory Profile; ITSP）を用います。感覚プロファイルとITSPでは，主に養育者が対象児について回答します。対象が11歳以上の場合，感覚プロファイルで評価することも可能ですが，自己評定式の質問紙である青年・成人感覚プロファイル（Adolescent/Adult Sensory Profile; AASP）を併せて使用することが推奨されています。なお，ITSPとAASPでは，上述した4象限パターンの評価のみ可能です。

質問項目数は，感覚プロファイルが125項目，ITSPでは6か月までは36項目，7か月以上は48項目，AASPは60項目です。

→ どうする

得られた回答を集計することで，対象児・者の4象限それぞれの程度を評価します。以下では，4象限それぞれが高い子どもの特徴と支援策について説明します。

低登録：閾値が高く受動的に反応する傾向が強い。反応するために必要な強さの刺激を得ることができていないため，無関心のように見えたり，情動に活気がなかったり，鈍い場合があります。したがって，支援ではさまざまな経験で，感覚情報をより取り入れることができるようになることをめざします。たとえば，その子どもが反応できる（気づく）ように，情報を目立たせるといったことがあげられます。

感覚過敏：閾値が低く受動的に反応する傾向が強い。刺激に対して敏感であるため，必ずしも重要ではないさまざまな刺激に気づいてしまい，注意散漫な傾向を示す場合があります。このような子どもは，感覚入力が多く，混乱しやすいため，情報伝達の仕方をパターン化・体系化し，予測しやすい手掛かりを与えて行動を促すことが重要であると考えられます。

感覚探求：閾値が高く，能動的に反応する傾向が強い。活動的で，常に感覚入力を増やそうとするため，動きながら音を立てる，物を噛むなどの行動が見られます。支援では，その子どもが，どの感覚入力を必要としているのかを導き出し，その感覚入力を活動に組み込むことで，感覚探求によって活動が妨げられないように調整します。たとえば，いすを揺らしてそわそわしている場合，回転いすやバランスボールなどを用いて継続的に前庭感覚の入力を維持すると課題に集中できる場合があります。

感覚回避：閾値が低く，能動的に反応する傾向が強い。刺激に対して敏感であるため，その刺激から避けようと引きこもる場合があります。この場合，子どもは常に強い刺激にさらされていることになるため，まずは感覚入力を減らす，つまり必要のない刺激を除去することを考えて支援計画を立てる必要があります。

〈横田　晋務〉

JSI

Japanese Sensory Inventory　日本感覚統合インベントリー

著　　者：太田篤志
発　　行：プレイフルネス発達研究所（JSI 開発プロジェクトホームページは 2005 年より）
キーワード：感覚統合，発達障害，チェックリスト
一言紹介：主に幼児を対象とした感覚情報処理の問題を評価するための質問紙。JSI-R，JSI-3D，JSI-mini，
　　　　　JSI-S の 4 種類が開発されている。

➔ な に

　日本感覚統合インベントリー（Japanese Sensory Inventory; JSI）は発達障害児の感覚機能の偏りを行動特徴から把握するツールです。目的や用途によって 4 種類の JSI（JSI-R，JSI-mini，JSI-3D，JSI-S）が開発されています。これらはインターネット上で公開されており，自由に利用することができます。

　基本となる JSI-R は，視覚（20 項目），聴覚（15 項目），触覚（44 項目），嗅覚（5 項目），味覚（6 項目），前庭感覚（30 項目），固有受容覚（11 項目）の七つの感覚機能とその他の関連項目（16 項目）の合計 147 項目から構成されています。各感覚領域の感度が高すぎる状態（「感覚過敏」），および低すぎる状態（「感覚鈍麻」）を評価します。JSI シリーズでは得点が高いほど「感覚過敏」「感覚鈍麻」の程度が著明であり，感覚機能に「偏りがある」と解釈します。また，得点が低いほど「感覚鈍麻」，得点が高いほど「感覚過敏」という解釈ではないことに留意が必要です。

　さて，JSI-R はヒトの感覚機能を多面的に詳細に検討することが可能な一方で，項目数が多いため，評定者への負担が大きいというデメリットがありました。そこで JSI-R の簡易版として JSI-mini が開発されました。この簡易版は 20 項目から構成されています。

項目数が少なくなったため，感覚領域ごとのスコアは算出されませんが，「感覚探求」「感覚過敏」「総合評価」が算出されます。「感覚探求」では感覚刺激を取り入れようとする行動（たとえば「5. 手でなんでも触ってまわる」）から感覚機能が評価されます。逆に「感覚過敏」では感覚刺激を避けようとする行動（たとえば「6. 抱かれたり，手を握られたりすることを嫌う」）から評価されます。得点が高いほど，これらの感覚機能に「偏りがある（平均的ではない）」と解釈される点は JSI-R と同じです。

　JSI-R と JSI-mini の他にも，国際生活機能分類（ICF）の考え方を感覚機能の評価に取り入れ，発達の達成度（粗大運動，巧緻動作，生活技巧）と生活機能（身体機能，活動，参加）の観点から幼児児童の状態像を明らかにしようとする JSI-3D（4〜10 歳）もホームページ上で公開されています。また，スヌーズレン実践のための情報収集／整理ツールとして JSI-S も開発されています。

➔ どうやって

　評定は各項目の出現頻度について「まったくない」（0 点），「ごくたまにある」（1 点），「時々ある」（2 点），「頻繁にある」（3 点），「いつもある」（4 点）の 5 件法でチェックされます。また，JSI-R および JSI-mini は 4 歳から 6 歳の幼児のデータに基づいて作成さ

れていることから，この年齢層以外への実施に際しては解釈に注意が必要となります。

データの集計はサマリーシートを用いて行います（表1。ダウンロード利用可能）。各領域および総合得点を算出した後に，基準点に従い「Green（典型的な状態）」「Yellow（若干，感覚刺激の受け取り方に偏りの傾向が推察される状態）」「Red（感覚刺激の受け取り方に偏りの傾向が推察される状態）」に分類します。Greenは定型発達児の約75%，Yellowは約20%，Redは約5%に見られる状態に該当します。JSI-3D では Excel サマリーシート（4-6歳，1-2年生，3-4年生，の三つのシートが含まれています）が利用できます。

表1　JSI-R サマリーシート

Modality Analysis	Raw Score	Green	Yellow	Red
前庭感覚		---24	25---34	35---
触覚		---30	31---46	47---
固有受容覚		---9	10----15	16---
聴覚		---9	10----18	19---
視覚		---13	14----22	23---
嗅覚		---2	3----7	8---
味覚		---5	6----10	11---
その他		---12	13----21	22---
総合点		---109	110---157	158---

→ どうする

アメリカ精神医学会の精神疾患の診断基準第5版（DSM-5）から自閉スペクトラム症（ASD）の診断基準に感覚刺激に対する敏感さ・鈍感さの観点が追加され，ASDはもとより発達障害全般における感覚機能の問題が注目を集めるようになりました。

ヒトは，視覚，聴覚，触覚，味覚，嗅覚，前庭感覚，固有受容覚を通して，外部から刺激を感知し，中枢神経系においてこれら感覚情報を処理することで環境を認識していきます。逆に，感覚機能に偏りがある（敏感すぎる／鈍感すぎる）場合，環境のとらえ方が定型発達の人々とは異なり，その結果として生きづらさを感じることが多くなります。定型発達の人々にとっては「ちょうどよい」と感じる環境でも，「まぶしすぎる」「騒々しすぎる」等と感じてしまうのです。その感じ方が「不快」であれば感覚刺激を回避する行動を取り，「快」であれば積極的に取り込む行動を示すようになります。JSIの各項目は感覚機能に偏りがある幼児が環境へ適応する奮闘の姿なのかもしれません。

さらに，感覚機能の問題は，発達障害の行動特徴と関連しています。たとえば，注意を持続させることが難しい幼児児童にとっては，感覚過敏は注意をそらす要因となり，注意を持続させることがますます難しくなってしまいます。

JSIシリーズ全体に共通する使用上の注意事項として，①この結果だけで状態を判断しないこと，②行動の特徴をとらえるためのものであり，行動の優劣を測定するものではないこと，③（測定項目の行動は）必ずしも感覚刺激の受け取り方の偏りだけを反映するものではないこと，④他の検査との併用と専門家への相談，の四つがあげられています。これらの注意事項に留意しながら，幼児児童の気になる行動の背景に潜む感覚機能の偏りを発見し，環境調整等の支援に結び付けていくことが期待されます。

〈牛山　道雄〉

もっとくわしく知るために

・Japanese Sensory Inventory Assessment JSI-R, JSI-3D, JSI-mini, JSI-S 開発プロジェクト https://jsi-assessment.info/index.html〔2022年9月22日取得〕

DCDC

Developmental Coordination Disorder Checklist　発達性協調運動障害チェックリスト

著　　　者：橋本竜作
発　　　行：Brain & Development（小児神経学会英文誌），2020 年
キーワード：発達性協調運動症（DCD），不器用，チェックリスト
一言紹介：小学生の運動面の不器用さについて評価するチェックリスト。困難な領域を特定するとともに，具
　　　　　体的に苦手とする活動を明らかにすることを目的として開発された。

→ な　に

　DCDC は，児童の運動面の不器用さを評価するチェックリストです。このチェックリストが開発された背景について概観した後に，DCDC の特徴について解説します。

　運動面の不器用さを中核症状とする発達性協調運動症（Developmental Coordination Disorder; DCD）という発達障害があります。アメリカ精神医学会の精神疾患の分類と診断の手引き第 5 版（DSM-5）の当該部分を要約すると，「A. 協調運動技能の獲得や遂行が明らかに劣っている」「B. 日常生活活動を著明および持続的に妨げている」「C. 症状の始まりは発達段階早期」「D. 知的能力症・視力障害・神経疾患（脳性麻痺）によってもうまく説明できない」ことで特徴づけられます。

　「協調運動技能」は，体力テストで測定される能力とは異なります。50m 走，シャトルラン，ソフトボール投げ，握力といった体力テスト項目は，個々の身体能力の最大値を測定しようとしています。一方，協調運動技能は，道具の操作を含め複数の身体部位をタイミングよく動かし，力加減を調節できる身体能力だと考えられます。つまり「巧みな動き」や「器用さ」です。

　ここで問題になるのは「器用さ−不器用さ」を評価するツールがほとんどないという

ことです。国際的には，M-ABC2（Movement Assessment Battery for Children Second Edition）というテストバッテリーがありますが，日本版は 2022 年 10 月の時点で標準化されていません。また，国際的な DCD スクリーニングチェックリスト（Developmental Coordination Disorder Questionnaire; DCDQ）は日本においても標準化されているものの，内容が日本の学校・子ども文化に若干沿わない部分があったり，使用許諾の手続きが不明瞭だったり，日本語訳が公開されていなかったりなど，残念ながら学校現場の教員が活用しやすい利用状況にはなっていません。

　そこで，日本の学校文化等が考慮された DCD 症状のチェックリストとして DCDC が開発されました。このチェックリストは①巧緻運動，②粗大運動，③ボールの操作，の 3 領域合計 16 項目から構成される簡易的なチェックリストです。臨床または研究目的では引用の上，自由に利用することができます。チェックリスト自体は Researchgate（研究者向け SNS：https://researchgate.net）から開発者名（Hashimoto Ryusaku）および「DCDC」で検索することで入手することが可能です。

→ どうやって

　対象は小学生，評定者は養育者あるいは教員を想定しています。教員がクラス全員分を

表 1　DCDC の評定基準（上）と評価項目（下）の例

状　態	A	B	C	D	E
苦手さ*の程度	苦手さはない （他児と同じ程度）	どちらかと いえば苦手	わりと苦手 （平均より低い）	だいぶ苦手	すごく苦手
日常生活また学校（勉強） での困り感，手助けの必 要性	困ってはおらず，助けも 必要ない	困ってはおらず，助けも 必要ない	少々困りはするが個別の 声がけや，支援は必要な い	困ることが多く，時に個 別の声がけまたは支援が 必要	困ることが多く，常に個 別の声がけまたは支援が 必要

＊苦手さは，動作・運動を習得または行う上で，その遅さと不正確さに現れます。
　最も近いと思う基準の 1 つに丸をしてください。

	運動・動作の内容	状　態
9	立った状態で，ふらつかずに長ズボンや靴下をはくこと 例：壁で体を支えることなく，片足で立ち長ズボンや靴下に脚（足）を入れることができる	Ａ Ｂ Ｃ Ｄ Ｅ
10	音（リズム）や合図に合わせて体を動かすこと 例：お遊戯，ダンス，音遊びで音楽や合図に合わせて振付けを踊ることができる	Ａ Ｂ Ｃ Ｄ Ｅ

評価する集団アセスメントも可能です。

　児童の運動・動作の「苦手さ」とともに，主観的な評定を最小限に留めるために日常生活・学校場面における困り具合と支援の必要性を勘案して行うことができるよう工夫されています。さらに，各質問項目には，具体的な運動・動作例が併記されています（表1）。得点化は「A. 苦手さはない」（1点），「B. どちらかといえば苦手」（2点），「C. わりと苦手」（3点），「D. だいぶ苦手」（4点），「E. すごく苦手」（5点）の5件法で行われ，得点が高いほど不器用であると解釈します。

● どうする

　DCDC は，DCD の簡易スクリーニングツールとして，3領域の運動面（巧緻運動，粗大運動，ボール操作）の苦手さを調べることを目的として開発されました。ただ，DCDC には，何点以上が DCD の可能性というカットオフ値（定量的検査について，検査の陽性，陰性を分ける値）は設定されていません。また，どのようなチェックリストにも該当しますが，チェックリストのみで障害の有無を判断することはできません。なお，オリジナルの論文には，学年ごと，性別ごと，評定者（養育者と教員）ごとの平均値とパーセンタイル（5%と15%）等の一覧表が掲載されており，DCDC

得点の解釈に役立てることができます。一般的な傾向としては，①学年が上がるごとに得点は低くなること，②男児のほうが女児よりも，巧緻運動と粗大運動では得点が高く，ボールの操作では得点が低くなること，③養育者は教員よりも微細運動の得点を高く評定するが，粗大運動とボール操作では評定者間で違いが見られないこと，が指摘されています。

　運動面の不器用さは，学校生活のさまざまな場面で目立ってしまいます。体育の授業，運動会のような身体活動場面はもちろん，コンパスで円を描く，定規でまっすぐ線を引く，はさみで図形の形を切り抜くなど，学校生活のさまざまな場面でその苦手な姿が他人の目に触れることになります。こうした「不器用な自分を他人に見られてしまう」状況では，運動面自体への支援と同じくらい，心理面への配慮も必要になってきます。

　ところで，発達障害においては複数の中核症状が重複することが少なからず生じることが知られています。これは運動面でも該当するのではないかと考えられます。運動面の不器用さは，認知面に比べ発見しやすいことから，社会面，行動面，学習面に困難のある（また，今後困難が生じる可能性の高い）児童の早期発見に活用できるかもしれません。

〈牛山　道雄〉

あとがき

　本書は，特別支援教育にかかわる現場で用いられることの多い心理アセスメントツールについて，その概要を解説したものです。

　2015年に初版が出版されてから多くの方々にご好評をいただいてきましたが，出版から7年が経過し，この間，WISC知能検査をはじめ複数の検査が改訂されるなどアセスメントツールを取り巻く状況の変化が見られたことから，今回，改訂版を出版することになりました。

　コンセプトは変わっていません。それは「現場の先生方に，検査を理解し，よりよく活用してもらう一助となる」ことです。以下に，初版の「あとがき」から企画趣旨にかかわる部分を一部引用します。

　「学校種を問わず，特別支援教育にかかわる教師や就学相談の担当者は，なんらかのかたちで知能検査や発達検査にふれている。（中略）

　特定の検査の解説書や，各種の心理検査が掲載された書籍は発行されているが，いずれも範囲が広く，また高価であるなど，気軽に入手できるとはいえない。（中略）

　そのため，よほど各種検査法に精通していない限りは，どの検査にはどのような特徴があり，それをどう見て，どのように今後の教育に活用すればよいのかがわかりにくくなっている。（中略）

　そのため，本書は，特別支援教育関連に特化し，各種検査の特徴を簡便に整理したものとしたい」

　近年，特別支援教育の対象となる子どもは増加傾向にあり，また，一人ひとりの示す状態像はより多様になってきています。彼らに対して効果的な支援を行っていくためには，その前提として，一人ひとりの示す状態像とその背景的特性を理解することが重要となります。そのためのアセスメントの理解となるわけですが，支援者にとって重要なのは「支援につなげるための理解」です。そこで，各アセスメントの解説について，大きく「『方法』と『活用』の理解」に焦点を当てることとしました。

　改訂版では，より「支援につながるアセスメントツールの理解」を意識し，特別支援教育にかかわる現場で用いられることの多いアセスメントツールのほかに，今後，活用されることが期待される方法も取り上げることとし，掲載する検査法を大幅に増やしています。特に，「ことば」や「読み書き」「感覚・運動」にかかわる領域は，学習障害や発達性協調運動障害など学習面や協調運動面に教育的ニーズのある子どもたちの理解と支援につながることが期待されます。なお，本書では34点のアセスメントツールを取り上げていますが，その多様な検査を網羅するために新たな執筆者に加わっていただきました。どなたも各地で子ども目線で臨床／実践活動を展開する新進気鋭の研究者であり，本書の趣旨に賛同し執筆してくださいました。現場を知る研究者でしか書くことができない，貴重な原稿が集まったことはうれしい限りでした。

原稿は，第一編著者である滝吉が中心となり，鈴木および名古屋が各々の専門性から検討を進めました。書籍としての体裁は，初版に引き続き，東洋館出版社の大場亨さまに整えていただきました。

　このようにしてできあがった本書を，みなさまにお届けできますこと，編著者そして執筆者一同，心からうれしく思っております。

　特別な支援を必要としている子どもたちや保護者，そして，子どもたちの支援にかかわる先生方にとって，本書が少しでもお役に立つようでしたら望外の喜びです。

2022 年 11 月

編著者　鈴木　恵太

【編著者】

滝吉美知香（たきよし　みちか）　　岩手大学　教育学部　准教授

鈴木　恵太（すずき　けいた）　　　岩手大学　教育学部　准教授

名古屋恒彦（なごや　つねひこ）　　植草学園大学　発達教育学部　教授

【執筆者】（執筆順。所属・職名は2022年10月現在）

滝吉美知香　　上掲

鈴木　恵太　　上掲

名古屋恒彦　　上掲

豊永　麻美　　児童発達支援事業ドルフィンキッズ　公認心理師，保育士

横田　晋務　　九州大学　基幹教育院　准教授

李　　熙馥　　国立特別支援教育総合研究所　特任研究員

廣澤　満之　　白梅学園大学　子ども学部　准教授

水戸　陽子　　北里大学　医療衛生学部　助教

牛山　道雄　　京都教育大学　教育学部　准教授

改訂版
特別支援教育に生きる心理アセスメントの基礎知識

2023（令和5）年1月21日　初版第1刷発行

編　著　者：滝吉　美知香
　　　　　　鈴木　恵太
　　　　　　名古屋　恒彦
発　行　者：錦織　圭之介
発　行　所：株式会社東洋館出版社
　　　　　　〒101-0054　東京都千代田区神田錦町2丁目9番1号
　　　　　　　　　　　　コンフォール安田ビル2階
　　　　　　代　表　電話03-6778-4343　FAX 03-5281-8091
　　　　　　営業部　電話03-6778-7278　FAX 03-5281-8092
　　　　　　振替　00180-7-96823
　　　　　　URL　https://www.toyokan.co.jp
デ ザ イ ン：藤原印刷株式会社
印刷・製本：藤原印刷株式会社

ISBN978-4-491-04941-0　Printed in Japan